U0935728

The Quotable Feynman

费曼语录

[美]米歇尔·费曼●编

王祖哲●译

湖南科学技术出版社

Dedicated to my children Ava and Marco

献给我的孩子艾娃和马可

Contents

目录

A Biref Note on Sources 材料来源简述

Michelle Feynman

米歇尔·费曼

理查德·费曼被誉为伟大的解释家。这册语录展现家父解决科学问题的方法、他的哲学以及他的谈吐风格。这些语录以话题分类，对关于他如何思考，提供了一种更丰富而深刻的理解，强调他认为什么是重要的事情，并且为他如何表达自己提供了一些光辉的例证。

本书的资料来源是他的许多已经出版的著作、装满了14个抽屉的个人文件，以及几十小时的课程录像。大量重要的语录也来自查尔斯·维纳（Charles Weiner）对他的采访，这是为了制作1966年到1973年“美国物理学会”的口述历史项目。研究助手安妮莎·库克（Anisha Cook）和詹娜·文博格（Janna Wennberg）对本书的形成至关重要；在最后一个夏季，我和她们一起搜集了几千条语录，然后分门别类编入26个话题，就成了此书。

从书面著作、笔记、书信和讲义中抽取来的语录集，不能充分捕捉我父亲关于五花八门的话题的那些无远弗届的思想；尽管如此，我的希望却是本册集录将为读者提供一种感受，体会他的清晰性，他的幽默感，以及他看世界那种独一无二的方式。

Foreword　　Brian Cox

前言

布莱恩·科克斯

曼彻斯特大学粒子物理学教授

如果你走进世界上的任何一所大学的物理系，问大学生：哪位科学家是他们最热衷的榜样？我认为大多数人会说："理查德·费曼。"爱因斯坦或许是紧随其后的第二名。

理查德·费曼是20世纪最伟大的物理学家之一。他与施温格、朝永振一郎分享1965年的诺贝尔物理学奖，奖励他们开拓了量子电动力学理论的研究工作。他们的研究，直到如今，仍然是关于光与物质相互作用的最精确的描述。没有他们的研究，我们不会理解原子。费曼的名字与这个理论难解难分，是因为他搞出了费曼图。"欧洲粒子物理研究所"，或者任何一个现代粒子物理实验室，在那里工作的每一位物理学家，都要学会如何使用费曼图[1]。要理解亚原子世界，费曼图是我们理解的基础；当粒子碰撞之际，费曼图能让我们计算出会发生什么，甚至能预言新粒子的存在，如希格斯玻色子。没有费曼图，我就不能想象粒子物理学；若无费曼，多半至今也没有费曼图。在有人为你解释了之后，你会觉得费曼图在直觉上是一目了然的，而你

[1] 费曼图是理查德·费曼创立的一种形象化的方法，用来方便地处理量子场中各种粒子的相互作用。——译者注

也会感觉你自己是鼓捣不出这种东西的。此乃理查德·费曼的特别天才：探索自然，用的是一种心里就有的直觉魔法。他的朋友和同事汉斯·贝特（Hans Bethe）精彩地总结了他的方法："有两种天才。一般的天才干大事，但他们为你留下了想象的余地，你相信你也能干同样的事，只要你足够卖力。还有一种是魔法师，他们怎么把事儿办成的，你茫然不知。费曼是魔法师。"

单凭量子电动力学就足以把费曼稳稳地置于伟人行列，但得了诺贝尔奖的物理学家大有人在，却少有几个大学生能记得他们的名字，更甭提把他们当英雄崇拜。理查德·费曼独享的那份尊崇，我认为其原因可发现于本书：他那尖锐而质朴的逻辑，剃刀一般的精确又不失人情味，催生发现的奇妙感，对自然的深爱，以及对理解自然工作方式的渴望。我读他的言辞，应该用纽约工人的腔调来读，我就听到过一位到处给人家修理管道的老技师的那种言之凿凿的清晰性。不来虚的，不摆迷魂阵，没忽悠人或者自命不凡的意思；只觉得这个人以最少的啰唆把事儿办妥。理查德·费曼思考物理学，就是这个样子。我常常在我的书里引用他的话，因为我不能把我对物理的感觉表达得像他那么清楚。1981年BBC播出了一个精彩的访谈节目，叫《发现的乐趣》，费曼被问到发现"万物理论"的可能性——这个理论是一个完整的数学框架，在最基本的层面上描述自然的全部。

"大家对我说，'你想寻找物理学的终极定律吗？'不，我不想。我仅仅指望更多地找到与这个世界有关的东西，假如到头来有一个简单的终极定律，能解释万事万物，那敢情好；找到那个是太好了。如果到头来事情像个洋葱，有好几百万层，我们就只能烦躁，懒得一层一层地剥了，那就那样了！因此，在我们去研究的时候，我们不应该预先决定我们试图干什么，只管发现更多的东西就行了……我的科学兴趣，仅仅是更多地发现与这个世界有关系的东西。”

在我看来，此乃对科学的完美描述。面对自然的复杂而无限的精妙，在小事儿中自得其乐，而不摆出无用的学术姿态，你或许还能取得一点进步。读他的言辞，你会翻来覆去地听到这个意思。我是个简单的人，我喜欢仔细思考简单的东西。真正的物理学家就这么说话。

这种直截了当的简朴性，在描述搞科学的过程之际，当然也不见得就缺少诗意的激情。我最喜欢的语录里有一些揭示费曼心里对科学事业的看法：“我们身处一个英才辈出的时代，一个得天独厚、充满妙趣、令人兴奋的时代。后来人回望今天，当大生嫉妒。前人生在一个发现基本规律的时代，那是何等滋味？”用一句常常用来揶揄科学家的套话来说，这话融合着孩子般的奇妙感，而费曼对这种双重的恭维心安理得。“我讨厌成年人。”

费曼还善辩，一有机会，他就口齿清楚，鞭辟入里。我想不起有几个物理学家能像他这样写电磁学的导论课：“从人类历史的长远观点来看，比方说从未来的一万年看今天，19世纪最重大的事件毫无疑问应该算麦克斯韦发现了电动力学的规律。与在同一个十年中发生的这一科学大事相比，美国内战黯然失色，沦为本乡本土的鸡毛蒜皮。”我喜欢这话。我读这段话，把它完全理解为对无聊的地区战争的恰当鞭挞，那也预示了卡尔·萨根的《淡蓝的小点儿》(*Pale Blue Dot*)，此书在30年后写成，对狭隘的人类蠢行大放悲叹：“在宇宙这个浩大的竞技场上，地球是一个小小的舞台。想想看，那些将军和帝王让血流成河，在荣耀和胜利中，他们才成了一颗小点子的一部分的暂时的霸主。”

那么，在这些书页中，你会对天才有一瞥之见，你会读到历史上一位伟大的博学者以及古往今来一位伟大的科学家的思想。我希望你会学到不少，正如我已经学会了不少一样，此后你对自然界或许多了一点好奇心、奇妙感、谦卑和尊敬。费曼说过：“我不想把这种事儿搞得太严肃。我认为，对大自然，我们也该仅仅是找点乐子，我们想象它，而非为它担心。”

Reflections

追思

Yo-Yo Ma

马友友

大提琴家

与理查德·费曼的伟大心灵和人格亲密接触是何感觉，公众对此似乎有不知餍足的胃口。这种好奇心代代相传，跨越了不同的学科与文化。在他离世超过四分之一个世纪之后，他仍然活在公众意识中，他的书仍然在印刷，他传奇般的课程挂在网上，科学家们继续钻研在40年前提出的许多理论。

那么他持久的光环来自何处？我只能提供简单的一瞬。

30多年前，我常常在音乐会的后台见到理查德。他来此处，不因为他特别喜欢大提琴演奏，而因为演奏者是他可爱的女儿米歇尔；当然，哪个溺爱孩子的爸爸会不为女儿捧场呢？有时候，我们就科学和艺术中的真实性问题打趣，以此打发时间，他总是说："在科学中，你必须证明它。"然后他就用故事让我们开心，讲的是他演奏小手鼓的那些奇闻。有一次我们到了他家，他拿给我们看他画的那些漂亮的画儿，画的是人体。他讲到他怎么就特别想去图瓦那个小国，那却是缘于玩一种地理游戏。他总是精神饱满而专注。

在我成长的年月，我崇拜的英雄之一，是伟大的大提琴家帕布罗·卡萨尔斯（Pablo Casals）。他说，他首先是一个人，其次是一个音乐家，最后是一个大提琴家；这留给我特别的印象。在我读到理查德的如下言辞之际，感触是相似的：“单靠物理学，你得不到一种人品；你生活中的其他事情，必须也得融汇其中。”

理查德·费曼能长久地感召人心，线索就在这里。是的，他是有史以来的大物理学家之一，但他也把心思分给生活与爱，分给孩子们，分给家人，分给细腻的感官，分给最复杂的鼓点，分给整个环境。他密切关注我们面对和制造的问题，同时他也知道人类是自然的一部分，自然拥有他最心醉神迷的奥妙——因为自然的想象力远远胜于人的想象力，而自然保守其秘密，不轻易示人。

因此，花费几年时间，把那些秘密的一部分抽取出来，以最直接而易懂的方式，让我们大家都分享，是值得的。因为他一生的工作成就了他不凡的人格，我们能认得出他的人性，因此跟随他踏上最壮丽的旅程，那是理解万物的一次永无止境的远征。

你必定仍然很逗，费曼先生！

My Quotable Father

我那妙语连珠的爸爸

Michelle Feynman

米歇尔·费曼

最近我翻出高中和大学的几个笔记本，上面那潦草的字记录的是我上课的情形。滑稽、兴奋、心碎，时时令人恼恨，多年前的这些生活片段，让我记起上课的某一特别时刻，比我那些真正的课堂笔记还要迅速得多。一句简明扼要的话，有某种非常的力量。因此，我一直喜欢语录。

我最喜欢的父亲的语录之一，写在他给我的一张生日贺卡上，那时我刚满18岁："往前走啊！"他这么写。读这几个字，我记得我的反应——骄傲而兴奋，也夹杂着些许不安。我还记得他总是懒得对付生日贺卡那种鸡毛蒜皮；他总是让我母亲写贺卡，由此可见这个特别的小短句太不同凡响了。

父亲把他的话留给了我。从那些话中，我记得他对生活的看法，也记得他的嗓音，确定而清晰。他是这么一个人，不为小问题操心。他的如下建议——算了吧，拉倒吧——很是启发人心：

> 我们都干傻事儿，我们知道有人干的傻事儿比其他人多；但是，要核实谁干的傻事儿最多，那是没什么用处的。

我常常问，他算哪类父亲。他记不起我的生活细节（目前多大，在哪儿上学，等等），我认为这些事儿并非无关紧要；虽然我时时为此取笑他，他也总是乐呵呵的，也乐意花时间陪陪我。他或许有一个名声，说他对傻瓜不耐烦，但我记得他有趣、活跃、和气、随和、耐心。关于择业，我记得他的明智建议，跟他在1984年写给一个高中生的信非常相似：

> 如果你能找个事儿，年轻时喜欢干，又足够重要，在你的整个成年阶段都保得住你的兴趣，那就太妙了。因为，无论那是个啥事儿，如果你做得足够好（如果你真喜欢，你会做得足够好），人家无论如何也会给你钱，让你去做你想做的事儿。

每当我读他的文字，我就听得见他的声音。他在诺贝尔奖演讲中用了“攒”这个词儿，我至今想起来就笑：

> 我完全不曾用我攒的那些机器来解决哪怕一个相对论的问题。

我爸爸用的一些词，已经都不流行了，我为此忍俊不禁；他说话的那种独特韵味，也让我着迷。在我长大成人的那些年月，我记得他几个古色古香的说法——电冰箱是“冰盒子”，我的个天！“他们周游列国，到底摸到了这儿”，这是说走弯路。

我知道他特别喜欢拉斯维加斯。他把他到那儿的故事掺进了课堂。我实在喜欢下面这个段子，因为他是个不讲语法的专家。语调和场景实在是般配：

举个例子哈。我在拉斯维加斯，假定哈。我遇到个读心术士，或者这么说也成，一个人声称自己并不是读心术士，用更专业的说法，是他有心灵感应的本事，这意思是说，单凭念想，他就能影响东西的行为方式。这伙计走到我跟前，他说："我把这本事显摆给你瞧瞧。我们这就站在轮盘赌那儿，在每次转的时候，我会提前告诉你，那会是黑的还是红的。"

我相信，比方说，在我开始之前，我为此选个什么数，那是无所谓的。从对自然和物理学的体验中，我碰巧对读心术士报以白眼。如果我相信那人是由原子构成的，如果我知道原子相互作用的全部方式（大多数方式），我就看不出，心里的鬼主意有什么直接的办法，居然能影响那个球。因此，从其他经验和一般的知识来看，我对读心术士强烈蔑视。绝对蔑视。

现在我们开始。读心术士说，那将是黑的。果然是黑的。读心术士说，那将是红的。果然是红的。我相信读心术士吗？不信。那可能是碰巧的。读心术士说，那将是红的。果然是红的。烦躁哈。我要了解一下这个门道了……

我们还看得出他怎么打发闲暇。看到那些展露他痴迷于物理学研究的妙语，我会吃惊吗？真不吃惊。那是一个开关，他关不上的。我记得，他似乎总在思考物理。如果他手里没有纸，我们通常可以发现他在碎纸片上写方程式——甚至在报纸的边上。即便在他非常年少的时候，他回忆说，他也恼恨别人把他从工作中拖开。

> 我做的比我想做的少，因为我妈总是把我轰出家门，让我去玩。

这一句真把我逗笑了。接下来两句，表现他公开而诚恳的态度，以及他爱思考物理胜于一切。

> 然而，那是个不错的问题，我常常在飞机上拿出时间想解决它。我到现在也没办好它。
>
> 那必定是一两天之后，当时我躺在床上，寻思这些事儿：如果我想在一个有限区间之后计算这个波函数，那会怎样？

他的谦虚，我总是历历在目。

> 我得了一种病，全部的教授也都得了这病——就是时间总也不够！我发现的问题，无疑多于我们能够解决的问题。因此，我试图快快地做事，方法是提前把某些东西写在黑板上，抱着每个教授都有的一个幻觉：如果他谈的东西比较多，他教的东西也会比较多。当然，人心能吸收

多少资料，只能有一个确定的比例，但我们不理会这个现象；尽管如此，我们走得过快。

我记得我从我父亲那里得到了很多建议：思考一个数学问题，看看你的答案是否有道理。与人交流，要努力直接而诚实。要友好而和气。要明白生活是一次令人兴奋的探险。找到某种你喜欢的事情去做。事事要卖力。永远，永远记住你的感觉和幽默！我不总是能嘲笑我自己，但这是我父亲擅长的事。我记得某次他拖着行李，吃力地在一个机场里穿行，好及时转机回家。他自顾自地嘟囔："飞，是鸟儿的事啊！"——意识到这有多么正确，他大笑起来，然后才恢复平静。在他出的全部主意中，他劝告人要有幽默感或许是最重要的。保持幽默帮助我对付我自己生活中的那些不顺遂的时刻。

蛮奇怪的，我偶然看到我爸爸讲我爷爷的一句话，倒是我对我爸爸的总结：

在接触许多别人的爸爸之后，我才意识到他有多么了不起。

我将永远感念父亲与我相处的那些时刻——有时候开心、傻气、嬉闹，有时候严肃。

斯沃特（Ursula de Swart）摄影
米歇尔·费曼与卡尔·费曼提供照片

Feynman Chronology 1918—1988年

费曼年表

1918年	5月11日生于纽约
1939年	毕业于麻省理工学院，开始在普林斯顿大学读研究生
1940—1941年	研究助手，普林斯顿大学
1942年	获博士学位，普林斯顿大学 与阿琳·格林鲍姆（Arline Greenbaum）结婚
1943—1945年	为曼哈顿工程工作，洛斯阿拉莫斯，新墨西哥州
1945年	阿琳去世
1945—1950年	理论物理学教授，康奈尔大学
1950年	访问教授，加州理工学院；在巴西教学一年
1950—1959年	理论物理学教授，加州理工学院
1952年	与玛丽·路易斯·贝尔（Mary Louise Bell）结婚
1954年	获“阿尔伯特·爱因斯坦奖”
1956年	与玛丽·路易斯离婚 “底层大有空间讲座”；提出两项纳米技术挑战

1959年　理查德·蔡斯·托尔曼教席理论物理学教授，加州理工学院

1960年　与格温妮丝·豪沃思（Gweneth Howarth）结婚

1961—1963年　在加州理工学院为新生讲授物理，后成书《费曼物理学讲义》

1962年　获"E. O. 劳伦斯奖"

儿子卡尔·费曼出生

1963年　"约翰·丹茨讲座"，后成书《费曼讲演录》

1964年　"梅森哲讲座"，康奈尔大学，后成书《物理定律的本性》

1965年　当选英国皇家学会外籍会员

获诺贝尔物理学奖

1968年　女儿米歇尔·费曼出生

1972年　获"奥斯特教学奖章"

1973年　获"玻尔国际金质奖章"

1979年　"道格拉斯·罗伯讲座"，关于量子电动力学，奥克兰大学，新西兰，后成书《QED:光和物质的奇妙理论》

1985年　任总统委员会成员，调查"挑战者号"航天飞机事故

出版《别逗了，费曼先生！》，该书连续14个星期登上《纽约时报》畅销书榜

1988年　去世于2月15日

Youth
青年

斯沃特（Ursula de Swart）摄影，米歇尔·费曼与卡尔·费曼提供

我做的比我想做的少，因为我妈总是把我轰出家门，让我去玩。

——*Surely You're Joking, Mr. Feynman!*, p. 17, *Classic Feynman*, pp. 21—22

小时候，我有这么个想法：你能认识到这个问题很重要，如果你有机会解决它，其重要性会翻倍。你知道一个有技术头脑的小孩儿是怎么样的；他喜欢这么一个想法：每件事横竖都能搞得最佳；如果你能把那些因素组合得正确，你就不会沉迷于一个大而无当的问题，蹉跎一生而无进展；你也不会去解决好些小问题，别人也能解决的那些。

—— *Omni* interview, February 1979

不要对那些呆头呆脑的标准课本失望吧。偶尔把课本合上，然后想着用你自己的措辞讲课本说的事儿，把那视为对自然的精神与奇妙的揭示。书给你事实，你的想象力能补充活灵活现的东西。在我还是一个小孩儿的时候，坐在父亲的膝头，他就教我那么做，他还给我读《大英百科全书》！

—— Letter to Rodney C. Lewis, August 1981
(*Perfectly Reasonable Deviations from the Beaten Track*, pp. 332—333)

我去把“微积分”那本书拿出来，老师——说错了，是图书馆员——说：“小孩儿，你不能把那本书拿出去。你为什么把那本书拿出去？”我说：“是我爸爸要看的。”于是我就把书拿回家，我努力学会了一点儿。我爸爸看了开头儿段，看不懂，这叫我大吃一惊——是有点大吃一惊，我记得。我意识到：我能明白的东西，他明白不了，那是头一遭。

——Interview with Charles Weiner, March 4, 1966
(Niels Bohr Library and Archives with the Center for the History of Physics)

知道某物的名字，与知道某物，这两者的不同，我很小就明白。

——*What Do You Care What Other People Think*? p. 14 *Classic Feynman*, p. 15

在我还小的时候，我发现圣诞老人不是真的，我不觉得扫兴。我倒是如释重负：全世界那么多孩子，在同一个晚上都得到礼物，要解释这个现象，如今就简单多了啊。

—— *Los Angeles Times*, November 27, 1994

我小的时候，我称其为实验室的那个玩意儿，仅仅是一个乱鼓捣的地方，我也在那儿造收音机、小机械、光电管，诸如此类。知道了大学里的所谓实验室究竟为何物，我这才深感震惊。在那个地方，你测量东西，得非常认真才行啊。在我的实验室里，我连一个狗屁玩意儿都不曾测量过。

—— Future for Science interview (*The Pleasure of Finding Things Out*)

[谈到第一次作报告]我记得我起来讲话，而听众里有这些大人物，那可太吓人了。我把放在信封里的论文扯出来，当时我仍然能看到我自己的手。手在哆嗦。一旦我把论文拿出来，也开始讲了，奇妙的事儿就发生了，自那以后总是发

生。如果我在谈物理，我喜欢这东西，我就只想着物理，我不在乎我在哪儿；我不在乎任何事情，一切都进行得非常容易。

——Future for Science interview (*The Pleasure of Finding Things Out*)

我意识到我如今也在为某种新东西工作的那个时刻，是当时我在读量子电动力学的某种东西，我在读一本书，对事情有所了解。比方说，我读狄拉克的书，说大家有这些问题，无人知道怎么解决。我不很懂这本书，因为我心思不在上头，但书的结尾的最后一段说："这里需要某种新想法！"看来我得其所哉！这里需要某种新想法，那么我就开始思考新想法吧。

——Interview with Yorkshire Television program,
"Take the World from Another Point of View", 1972

[对他以前的一位高中老师说]我记得的另外一件事，对我非常重要的，是那个时候你在下课的时候叫我等一下，说："你在班上弄的噪声也太多了。"你接着说，你明白那是为什么，那是因为上课内容太乏味了。然后，你就从你身后抽出一本书，说："拿着，你读这个，把书拿到教室后面去读，老老实实坐着，研究这个；等你知道了其中的某种东西，就可以说话。"因此，在我的物理课上，我对正在讲的东西不在意，却在教室后头只研究伍兹的《高等微积分》。正是在那里，我学会了伽玛函数、椭圆函数，以及在积分符

号下求微分。靠这个窍门，我成了专家。

——Letter to Abram Bader, November 1965
(*Perfectly Reasonable Deviations from the Beaten Track*, pp. 176—177)

[哥伦比亚广播公司]问我对纽约的学校体制作何想法，我说，我仅仅擅长物理学，我不知道纽约的学校体制，除了我在30年前上过的那个学校。我认为我的高中是很好的。那时候我们有五花八门的科学课程——高等数学、物理学、化学和生物学。有几个老师直接鼓励我，给我很好的建议，教我常规课程之外的特殊东西。我在高中过得很好。

——Letter to Miriam Cohen, November 1965

[对他姑妈说]你了解我为时已久，很高兴听你说话。你与我母亲是看着我长大的，从我毁了亚麻布毛巾，到妈妈担心我的实验室会不会把房子炸塌。

——Letter to Jesse M. Davidson, December 1965
(*Perfectly Reasonable Deviations from the Beaten Track*, p. 181)

[谈他父亲]他明白事理；他喜欢讲道理的头脑，他知道事情能凭思考得到理解。

——Interview with Charles Weiner, March 4, 1966
(Niels Bohr Library and Archives with the Center for the History of Physics)

我到了幼儿园，那很晚了——我6岁——那个年代他们有个事儿，是“编织”。他们有一种彩纸——方形的纸，纸上有若干5厘米的狭缝，平行的。你有5厘米的纸带。一个纸带当纬线，另一个纸带当经线。你得编织，搞出规则而有趣的图案。对一个小孩儿，那明显太难了。我得到了特别的表扬；老师很兴奋，也很吃惊。我搞出了复杂的花样——搞得正确，没有任何困难，但那对大多数孩子都太难，因此他们就不在幼儿园里玩那个了。

——Interview with Charles Weiner, March 4, 1966
(Niels Bohr Library and Archives with the Center for the History of Physics)

我父亲常常带我到“自然史博物馆”——那是个很棒的地方。我们看恐龙的骨头之类——那很棒！

——Interview with Charles Weiner, March 4, 1966
(Niels Bohr Library and Archives with the Center for the History of Physics)

[讲他父亲描述冰川]他明白！就我父亲而言，非常重要的事情不是事实，而是那个过程——是万事万物的意义。我们怎么去发现；发现了这么一块石头，那能推论出什么？他把冰川描述得活灵活现，可能他说得不很对！那速度或许不是一年25厘米，而是3米——我不知道；他也不知道。但是，他横竖是要描述，描述得活灵活现，还总是讲出点门道。比方说：“我们把这些事情搞清楚，你觉得怎样？”

——Interview with Charles Weiner, March 4, 1966
(Niels Bohr Library and Archives with the Center for the History of Physics)

[谈他妹妹，她也是一位物理学家]她会听到我们谈话，

她会问我，我就为她解释。就她而言，事情不是那么直接。

——Interview with Charles Weiner, March 4, 1966
(Niels Bohr Library and Archives with the Center for the History of Physics)

如果某事坏，或者我坏，我总是深感不安——我一直争做好孩子。

——Interview with Charles Weiner, March 4, 1966
(Niels Bohr Library and Archives with the Center for the History of Physics)

算数很容易，太容易了。举例说，我10岁或者11岁的时候，有一天以前的那个老师叫我从一个班到我以前的那个班去向全班同学解释怎么做减法。我“发明了”（他们说的）一个较好的办法，用来做减法，比她喜欢的那个正在用着的办法更好。她忘了，所以当时我被喊去，也为她解释那个办法。

——Interview with Charles Weiner, March 4, 1966
(Niels Bohr Library and Archives with the Center for the History of Physics)

[谈他的朋友伯纳德·沃尔克]我有个朋友，和我一样对科学感兴趣，因此我们在一块儿做了很多事——当时我大约12岁。我们一起研究，我们一起争论，我们做化学实验。

——Interview with Charles Weiner, March 4, 1966
(Niels Bohr Library and Archives with the Center for the History of Physics)

我体育不好。这总叫我烦——我觉得我像个娘娘腔，因为我不会打棒球。在孩子气的年龄，我觉得打棒球是一桩严肃的事业。学骑自行车我也有麻烦…… 每过一段时间，我就被一伙玩伴踢出去。我有个玩具小屋，每次我被踢出去，我就在那里发明点儿东西，如为小屋装一个潜望镜，或者为小屋设计第二层之类。

——Interview with Charles Weiner, March 4, 1966
(Niels Bohr Library and Archives with the Center for the History of Physics)

我们把亚铁氰化钠——亚铁氰化钠？——也可能是别的，倒在毛巾上，还有另外一种物质，一种铁盐，多半是明矾，倒在肥皂上。这些东西混在一起，就成了蓝色墨水。因此，我们就去愚弄我妈妈了，你懂的。她会去洗手吧，然后把手擦干，她的手就变成蓝色的。但是，我们没想到毛巾会变蓝。这都是锡达赫斯特年代的事儿。她简直是吓坏了，大叫："我那上好的亚麻毛巾啊！"但她总是陪我们玩。她从来不害怕那些实验。

——Interview with Charles Weiner, March 4, 1966
(Niels Bohr Library and Archives with the Center for the History of Physics)

[谈沸水] 我记得显影盘，它涂了蜡，因此它就绝缘，用显影盘装上水，烧开——观察最后的最漂亮的现象：水都蒸发了，只剩下最后一点儿，显影盘很干，那一点水制造火花，因为它把电路弄断了。火花乱转，因为它断在这儿，但水是会流的，你知道，水流到这儿把电路接上了，于是它就在这里搞出了另一个火花，最后是一缕一缕的盐，是漂亮的

黄蓝色的火花！那是个非常漂亮的东西。其实，在这么多年后，现在你让我想起这个事儿，我想我会去玩一下，看看那是什么样子。我以前总是用这东西烧水。

——Interview with Charles Weiner, March 4, 1966
(Niels Bohr Library and Archives with the Center for the History of Physics)

我有了好些麻烦，因为我记得我的朋友和我——那人在黑板上写（我还记得，你知道，他要解释一个映射系统是怎么工作的，能把画面打在墙上的投影仪）——于是他画了一个灯泡，然后他画了一个透镜，等等，来解释。然后他画了一些线，从那只灯泡那里平行着出来，光线互相平行着走。因此，我不记得是我还是我朋友，反正我们中的一个说："但那不可能对啊。光线是从灯丝辐射出来的，向四面八方。"我不知道我是否用了"辐射"这个词，但我们横竖是解释了。他转过身来说："我说那是平行的，就是平行的！"哎哟，我们不服气啊，因为我知道，肯定地知道，无论他说什么，光线就是不平行着走。

——Interview with Charles Weiner, March 4, 1966
(Niels Bohr Library and Archives with the Center for the History of Physics)

［谈大萧条］我也有一种态度，就是你应该干点事儿，得工作——你知道，游手好闲，无所事事，这个想法有些……感觉某种要挣钱的责任感哈。我没法解释这个。

——Interview with Charles Weiner, March 4, 1966
(Niels Bohr Library and Archives with the Center for the History of Physics)

我总保持这个本事，就是用数学快快地工作，以便赶紧把作业弄完。

——Interview with Charles Weiner, March 5, 1966
(Niels Bohr Library and Archives with the Center for the History of Physics)

我对“一般的智力理论”知道得不多，但我确实记得，小时候我是非常偏科的。我单单喜欢科学和数学，对文科不感兴趣（爱上了一个有趣而聪明的人，她喜欢弹钢琴、写诗等，则另当别论）。

——Letter to Dr. William L. McConnell, March 1975
(*Perfectly Reasonable Deviations from the Beaten Track*, p. 281)

我从这些书[海特勒和狄拉克]中的那些说法中得到了灵感；我得到灵感，不是因为其中的一些部分把每件事都仔细证明和计算了，而是因为我不能把那些部分理解得很好。在年轻的时候，我不能理解的东西，是那些关于那个事实的说法，好像没一点道理啊，我仍然记得狄拉克那本书的最后一句话：“某种在本质上全新的物理学概念，在此刻似乎是需要的。”因此，我把此事视为挑战，视为一个启发。我也有一种个人的感觉，因为他们对我想解决的那个问题拿不出一个令人满意的答案，我就不必对他们以前做的事情太多注意了。

——From Nobel Lectures, Physics 1963—1970, Elsevier Publishing Company, 1972

在13岁的时候，我转而采取了非犹太教的观点。

——Letter to Tina Levitan, January 1967
(*Perfectly Reasonable Deviations from the Beaten Track*, p. 234)

[谈原子弹工程]你瞧，我的遭遇，我们其余人的遭遇，是我们蛮有理由地就干开了，但接着我们就卖力地干某种事儿，要把它干成，那是个乐子，令人雀跃。

——UCSB talk, “Los Alamos from Below”, February 1975

Family
家庭

我有一座舒适的房子，我们一家住在其中。

——Letter to professors Gilberto Bernadini and Luigi A. Radicati
(*Perfectly Reasonable Deviations from the Beaten Track*, p. 209)

你给我的漂亮照片，使我愉快而惊讶，照片如今在我办公室里。非常感谢你。我把它带回家，给我儿子看（他12岁），他很兴奋。我问他那是什么——沉思片刻后，他说："多半是激光衍射图样，激光来自一些方孔构成的一种规则模式。"他可真了不起啊！我恐怕得问问他所用镜头的焦距！

——Letter to Sheila Sorensen, October 1974

我爸爸告诉我的另一件事——我不很能解释，因为那不是讲故事，而更是一种感觉——说对于全部的圆，无论多大，圆周与直径的比总是相同的。那不是太明显啊，但那个比值有些神乎其神的属性。小时候，关于这个数字，有某种神秘的东西，我不大理解，但这是一件了不起的事情，结果是我到处寻找 π 。

——National Science Teachers Association Fourteenth Convention lecture,
"What Is Science?", April 1966

他很像我，因此我起码把万事万物皆有趣这个想法传达给了另外一个人。当然，我不知道那是不是件好事儿，你明白吗？

——*Omni* interview, February 1979

[与一位父亲谈儿子]你们两个——爷儿俩——应该在晚上散着步(不带目的,随心所欲地),谈谈这个,聊聊那个。因为他老爹是一个智慧之人;这个儿子嘛,我认为也有智慧,因为他们的意见与我在身为人父的时候是一样的。父与子的意见当然不会严丝合缝,但老人那种更深刻的智慧,可慢慢引起年轻人的注意和兴趣。耐心些嘛。

——Letter to Mr. V. A. Van Der Hyde, July 1986
(*Perfectly Reasonable Deviations from the Beaten Track*, p. 415)

[谈他儿子]他说话没完没了。他或许能荣获诺贝尔谈话奖。

——*South Shore Record*, October 28, 1965

关于我与报界见面,我读到你的评论,你不曾提到我的小男孩看起来多么乖巧、多么有趣,我很吃惊。你那算是谦虚吗?

——Letter to Dr. Richard Pettit, MD, the doctor who delivered son Carl, November 1965
(*Perfectly Reasonable Deviations from the Beaten Track*, p. 186)

[给一位父亲的建议]迈克的物理得了一个C,不必太生气。我的英语文学也得了一个C。如果我的英语好些,我或许就得不到物理学奖了。

——Letter to Arnold Phillips, November 1965
(*Perfectly Reasonable Deviations from the Beaten Track*, p. 185)

[与一位父亲谈儿子]你就由着他吧，让他尽情去搞他最感兴趣的那些乱七八糟的研究吧。确实，我们的学校体制给他的分数不会太高——但他会有出息的。那比蜻蜓点水地知道一大堆事情好得多。

——Letter to Mr. V. A. Van Der Hyde, July 1986
(*Perfectly Reasonable Deviations from the Beaten Track*, p. 415)

我研究过无数问题，你或许会说那都不上档次，但我自得其乐，感觉良好，因为有时候我能部分地把事情搞成。

——Letter to Koichi Mano, February 1966
(*Perfectly Reasonable Deviations from the Beaten Track*, p. 201)

我们买了一辆新房车，到处开。我们喜欢在沙漠那类地方野营，车上到处装饰着费曼图。

——BBC interview, "Scientifically Speaking", April 1976

[谈他父亲]我长大了一些，他就带我到树林里走，指给我看鸟兽之类。他给我讲星球和原子，以及其他各种事情。他告诉我事儿究竟是怎么个事儿，那很有趣。他对世界有一种态度，有一种看世界的方法。我觉得，对一个不曾直接受过科学训练的人而言，他那一套在科学上是深刻的。

——Future for Science interview (*The Pleasure of Finding Things Out*)

我父亲教我崇拜 π；教我对 π 有讶异感。他喜欢 π，因为居然存在这么一个怪异的比率，那是一个关于圆的如此简朴的一件事。

—— Future for Science interview (*The Pleasure of Finding Things Out*)

[谈他父亲]他一直在看东西。他常说假如我们是火星人，我们来到地球上，看到有些生灵在做事儿，我们会怎么想？举个例子，他会说，假定我们从不睡觉。我们是火星人嘛，但我们的意识一直起作用，发现这些生灵一天睡8小时，合上眼，变得不大活跃。我们就有一个有趣的问题问他们。我们会说："你们一直干的那个事儿，是什么感觉呢？你碰巧知道吗？你们好好地东跑西颠，你们想得很清楚哈——发生什么事儿了呢？他们是突然就停下来的吗？他们是逐渐地慢下来，然后停摆了，还是一下子把思想的开关给关掉了？"后来，我为此思考了很多，我在大学也真做过实验，试图发现那个问题的答案——当你入睡之际，你的思想遭遇了什么事儿？

—— Future for Science interview (*The Pleasure of Finding Things Out*)

不曾与别人的父亲有过交往，我没有意识到我父亲有多么了不起。他怎么知道科学的那些深刻的原理？他怎么知道爱科学和科学背后的东西，以及为什么那是值得做的事？

—— *What Do You Care What Other People Think?* ,P. 14, *Classic Feynman*, p. 16

[谈他父亲]在我出生之前，他对我母亲说，这个男孩会

成为科学家。如今，在妇女解放运动面前，这话说不得；但在那年月大家就那样说话。但是，他不曾要我当科学家。他让我当科学家，方法是在我很小的时候，就给我讲事儿。

——Future for Science interview (*The Pleasure of Finding Things Out*)

Autobiographical
自传

在加州理工学院的研讨会上讲课，1978年5月
加州理工学院提供照片

有些人说："不知不识，何以能活？"我不知道他们是什么意思。我总是活着，不知不识，那很容易嘛。你怎么知道什么事儿，那是我想知道的。

——"The Uncertainty of Science", John Danz Lecture Series, 1963
(*The Meaning of It All*, p. 2)

我记得我做过的研究，在普林斯顿得了一个真正的学位；我还记得一些家伙在那个平台上得到了荣誉学位，什么研究也没做——我就觉得"荣誉学位"是对"确认某种研究已经被完成的那种学位"这想法的一种贬低。那类似于颁发一个"荣誉电工执照"。我发誓，有朝一日假设有人碰巧要给我一个，我就不要。

——*Perfectly Reasonable Deviations from the Beaten Track*, p. 233

我做的研究，没有秘密的。此事国际上都知道；我的研究是用书信传递的，来来往往的，也用全世界的刊物传递。

——Interview for Viewpoint
(*Perfectly Reasonable Deviations from the Beaten Track*, p. 422)

请充分认识到，那对我不是一个深刻的原则问题，因此如果我的辞职为你导致了任何很大的难处，那就放心地不要理睬我的意愿。但是，在你那群鸟里，将会有一只非常特异、悲伤而不情愿的鸟。

——Letter to Dr. Detlev W. Bronk and the National Academy of Sciences, August 1961
(*Perfectly Reasonable Deviations from the Beaten Track*, p. 109)

早晨拿起报纸，看到上面的文章写的是你自己，尤其是文章写得又好又恭维，那是最有趣之事，也最能看清你自己。

——Letter to Dr. Irving S. Bengelsdorf (*Los Angeles Times*), April 1967

我一般在大约20分钟之内什么也不干，然后我才把锁打开，你知道的。哈，这次我立刻就把锁打开了，看到一切正常，我就坐上20分钟，这对我的名声有利：开锁可不那么容易啊，我也没有什么窍门。然后，我出来了，你知道，出了一点汗，说："开了，你们进去看看吧。"诸如此类。

——UCSB talk, "Los Alamos from Below", February 1975, regarding his hobby of safecracking

为了卖力干某件事，你必须让你相信答案就在那儿，因此你就会在那儿卖力地挖，对吧？因此，你暂时让你自己有个偏见或者固执，但在你心底里，你一直在笑。科学是不带偏见的，忘掉你听到的这个说法吧。此刻，在访谈中，谈的是大爆炸，我没有偏见，但在我工作的时候，我有的是偏见。

——*Omni* interview, February 1979

[在讨论计算金星的位置之后]我不知道玛雅人的哲学。归咎于西班牙征服者破坏的彻底性，以及，那个，主要是他们的神父，把全部书都烧了，我们的信息很少。他们有几十万册书，只有三本幸存世上。其中的一本，有关于金星的计算，我们这才知道这件事嘛。设想把我们的文明缩减为三

本书——事故偶然留下的三本具体的书，那会是哪三本？

——“QED: Photons—Corpuscles of Light”，
Sir Douglas Robb Lectures, University of Auckland, 1979

我是一个老古板式的人物。

——Letter to professors Gilberto Bernardini and Luigi A. Radicati, February 1966
(*Perfectly Reasonable Deviations from the Beaten Track*, p. 209)

老朋友应该互相告诉对方自己在干什么。

——Letter to Morrie Jacobs, November 1965
(*Perfectly Reasonable Deviations from the Beaten Track*, p. 179)

但是，无论你怎么办，我才不在乎。我知道，我才不会费心去发现你怎么办它，因为在我看来，如果我办那件事，我办就是了。

——Interview with Charles Weiner, March 4, 1966
(Niels Bohr Library and Archives with the Center for the History of Physics)

有意思的是，如果有一种判断真相的独立方法，人类就能免于争吵。

——“The Uncertainty of Science”，John Danz Lecture Series, 1963
(*The Meaning of It All*, p. 22)

但在那些年月，我不曾认为理论物理学是一个可分的领域——物理学仅仅是理论中的任何东西。你知道，因为我的数学天分最终压倒了我的实验天分。我通常是到处玩，但玩得越来越少，分析得越来越多，是数学的分析，正如这些定理和这些论文，因此我成了搞理论的，而没搞实验。

——Interview with Charles Weiner, March 5, 1966
(Niels Bohr Library and Archives with the Center for the History of Physics)

我认为，抵制接受过多的不重要细节和鸡毛蒜皮，是很重要的。倒洗澡水，而避免把婴儿泼掉，那是需要某种智慧和技巧的。否则我们思考的东西就太多了，不能把我们有限的心智集中在重要问题上。

——Letter to Mr. Jim Barclay, January 1967

在保密状态中工作是很难的；有一种精神分裂症，牵扯这么一种感觉：你必须记住什么是你知道的但不可说出去的事情。结果使你踌躇不前，害怕言多有失，直到你对某些题目张口结舌，因为如果你开始谈论一个你听说有些秘密的题目，你就害怕说任何话，担心那是秘密事情中的一件。因此我不喜欢秘密。

——Interview for Viewpoint
(*Perfectly Reasonable Deviations from the Beaten Track*, p. 423)

［谈哲学］迷住我的，不是哲学，而是虚浮。但愿大家都自嘲一下。

——*Omni* interview, February 1979 (*The Pleasure of Finding Things Out*, p. 195)

我发现，判断人们的“优点”在心理上是非常叫人反胃的。

——Letter to Dr. Detlev W. Bronk and the National Academy of Sciences, August 1961
(*Perfectly Reasonable Deviations from the Beaten Track*, p. 108)

我的悲哀是科学让我看到一种深刻的美，而少有其他人看到。

——Letter to Mrs. Robert Weiner, October 1967
(*Perfectly Reasonable Deviations from the Beaten Track*, p. 248)

我疑心有大批别出心裁的人，能和我一样对付你提到的那些难题，他们目前是干了其他的，从营销经理到罪犯。

——Letter to Jarrold R. Zacharias, Laboratory for Nuclear Science and Engineering
(*Perfectly Reasonable Deviations from the Beaten Track*, p. 82)

[谈曼哈顿工程的经历]委员们可以提出一大堆想法，每个人都考虑到了一个新的方面，还得记住别的伙计们说了什么；因此，到最后，决定是根据最好的看法做出的——把一切做了归纳——不需要说上三遍。看到这么个搞法，我深受震撼。这些人真是非常了不起。

——“Los Alamos from Below”, 1976

我喜欢翻翻你们的杂志《科学与儿童》，但我必须回绝你的稿约。我发现，与为此类杂志写文章相比，我的才能不如排队跳舞，不如当护花使者。

——Letter to Diane Ruth (*Science and Children*), June 1966

因此我就拿定了主意，如果那仅仅是一个荣誉学会，我就不当荣誉学会的会员。如果这种玩意儿确实干真事儿，那还好说。

——Interview with Charles Weiner, June 28, 1966
(Niels Bohr Library and Archives with the Center for the History of Physics)

[谈《别逗了，费曼先生！》]我把全部这些故事讲给一个朋友听。我没想跟任何其他人讲，因此没有润色，也不担心那看起来多么愚蠢或聪明，不担心我在故事里是自命不凡还是像个白痴。那无所谓。我是率性而发。然后，拉尔夫有了个想法，要把故事都写下来，他就稍作编排，仍然显得像是我在说话。

——"The Remarkable Dr. Feynman", *Los Angeles Times* Magazine, April 20, 1986

现在我是油尽灯枯了，我什么事儿也干不成，我在大学有这么一个不错的位置，教我最喜欢的课，就像我喜欢读《一千零一夜》一样，纯为乐趣。我要玩物理，什么时候想玩就玩玩，才不为有没有重要性操心。

——*Surely You're Joking, Mr. Feynman*!, p. 173, *Classic Feynman*, p. 190

我对表演这营生不那么在行，但我们要看看会发生什么事儿。

——Audio recording of *Feynman Lectures on Physics,* Lecture 12, November 7, 1961

我知道我反正会当科学家。

——Interview with Charles Weiner, March 4, 1966
(Niels Bohr Library and Archives with the Center for the History of Physics)

事情确实不那么难；疯狂地冒险，就是一个乐子。我在生活里找点乐趣，有时候怪事儿就落在我头上。

——Letter to Mary Bowers, November 1960

穆莱凯会高兴知道我在这里和最漂亮的“明星”之一坐在一起，起码是我见过的最漂亮的。很明显，水牛城的酒吧比布鲁克林的海军造船厂附近的红辣椒和水手更泼辣。

——Letter to Bert and Mulaika Corben, 1948

巴西人对我的葡萄牙语印象深刻，其实课是用他们所谓的“费曼式葡萄牙语”上的。

——Letter to Professor Joe Keller, September 1949

[关于做谈话节目的请求]见鬼了，我们彼此非常了解啊，我的意思是我不觉得我喜欢脱口秀。

——Letter to Dr. Victor F. Weisskopf, April 1962

我开车去的第一个早晨，印象太深刻了。美丽的景色，对一个不怎么旅行的东边人来说，真是大饱眼福啊。那儿有万丈悬崖，你或许见过那些照片，细节我就不说了。这种情景是在平顶山上看到的，你是从下边上来的，然后看到那些万丈悬崖，真令人瞠目结舌。在我往上走的时候，给我印象最深刻的东西，我说，印第安人或许在那儿住过，开车的伙计干脆把车停了，走过弯道，那里真有印第安人的洞穴，你可以参观。

——UCSB talk, "Los Alamos from Below", February 1975

我就到宿舍区，去领分配的房间，他们说，你可以挑房子了。我得选一间；你知道我怎么办的？我在看女孩们的宿舍在哪儿，然后我挑了一间正对着她们宿舍的房间。后来我才发现，我那房间前面，正好有一棵大树。

——UCSB talk, "Los Alamos from Below", February 1975

好了，住在这宿舍的单身汉和单身女，觉得他们也得有个帮派，因为公布了一条新规定，比方说，"妇女不得留宿男宿舍"。哈，这绝对是荒唐嘛！毕竟，咱都是成年人！这是扯的什么淡啊？我们一定要采取政治行动。

——UCSB talk, "Los Alamos from Below", February 1975

跟特勒这样有高超智力的人恶作剧，有个麻烦：从他琢磨出好像有什么事不对劲儿，到他明白了真正发生了什么事之间，时间太短，你都来不及乐一下！

——UCSB talk, "Los Alamos from Below", February 1975

我忘不了夏威夷。我看着我的旧潜水面罩和手套，渴望与哈诺玛湾的鱼们再亲近一番。

——Letter to Dr. San Fu Tuan (University of Hawaii), September 1973

除了评估委员会的人之外，我还遇到了一些非常了不起的人物，我在洛斯阿拉莫斯见到了他们。有很多了不起的人，见到所有那些非常有趣的物理学家，是我一辈子最令人兴奋的经历。

——UCSB talk, "Los Alamos from Below", February 1975

我确实知道每个事物全都有趣，只要你钻研得足够深。在事物的名字与实情之间，是有区别的。

——National Science Teachers Association Fourteenth Convention lecture, "What Is Science?", April 1966

那或许仅仅是我这个人喜欢特立独行。

——Letter to Dr. Detlev W. Bronk and the National Academy of Sciences, August 1961
(*Perfectly Reasonable Deviations from the Beaten Track*, p. 108)

保持我出版的东西不失水准，是我的原则。

——Letter to Alladi Ramakrishnan, January 1962
(*Perfectly Reasonable Deviations from the Beaten Track*, p. 130)

请相信我：我对宣传或者忽悠人不感兴趣。我们都同意，我们只对在科学上正确的东西感兴趣。

——Letter to F. Harrison Stamper, February 1962

词语可以没有意思。如果措辞马虎，弄不出什么精确的结论，就像在我的那个“呜穆法”的例子中那样，那么那些词陈述的命题，就几乎没有意义。

——“The Uncertainty of Science”, John Danz Lecture Series, 1963
(*The Meaning of It All*, p. 20)

有人或许说，咱假定你一开始就相信我以前说的某些事儿是真的，因为我是一位科学家嘛，而按照这本小册子的说法，你知道我还得了奖什么的，你就不看我的那些观点本身，不就事论事地判断。换言之，你知道，你对权威有某种感情。我今天晚上要把你这种感情废掉。我要让这个课程致力于显示：我这么一个人，就是我本人，能够搞出些什么样的荒唐结论和稀奇说法。因此，我希望毁灭权威以前鼓捣出来的形象。

——“The Unscientific Age”, John Danz Lecture Series, 1963
(*The Meaning of It All*, pp. 61—62)

在我所知甚少的许多事情中，有一桩是一个人应该如何让自己准备好，以便当理论物理学家。

——Letter to Eric W. Leuliette, September 1984
(*Perfectly Reasonable Deviations from the Beaten Track*, p. 369)

一个普遍的定理，一个某种特殊例子，这二者之间必有一种相似的东西。其实，我个人认为——人是不同的；有人抽象思维非常好——我不行。我第一次听到某种事儿，我总是不得不弄些例子来理解，然后我从例子中搞出普遍的东西。其他人喜欢普遍的东西，然后用它对付具体的东西。

——Esalen lecture, “Quantum Mechanical View of Reality (Part 1)”, October 1984

我不做实验，从来没做，我仅仅是瞎混。我造收音机和小机器。我瞎混。逐渐地，通过书和手册，我开始发现有可用的公式，比方说，电流和电阻的关系。

——National Science Teachers Association Fourteenth Convention lecture, "What Is Science?" ,April 1966

此事的结果是我记不住任何人的名字，当大家跟我讨论物理的时候，他们常常很恼火。他们提到"菲茨-格洛宁效应"，我问"这是什么效应？"我记不住名字。

——National Science Teachers Association Fourteenth Convention lecture, "What Is Science?" , April 1966

我喜欢物理这门课，试图与任何有理解力的头脑分享理解物理的快乐，无论男女，一直是我的渴望。说这个人或另一个人理解物理学的能力有所不同，我从来不相信任何这种道理。

——Oersted Medal acceptance speech, 1972

抱歉我不能推荐你为"尼尔斯·玻尔奖章"的提名；但是，永远不推荐或者批评同事，一直是我的原则。

——Letter to Mr. Bjorn Andersen, February 1976

某一天我将确信存在一种对称，人人都会相信它；第二天我将琢磨如果那不对，会有一些什么结果，大家都疯了，但我不疯。

——*Omni* interview, February 1979

我不知道我正给大家留下什么印象。那或许仅仅是我的性格吧，我不知道。我不是心理学家或者社会学家，我不知道怎么理解人，我也不理解我自己。

——*Omni* interview, February 1979

程序说这是一场主题演讲。我听说我要发表主题演讲，我就打电话问："那是什么意思啊？"他们说，那是午餐后的演讲，我说"不好"。他们就改到了现在，但他们没改名称，我还是不知道什么是主题演讲。我不曾以任何方式暗示什么东西应该是这次会议的主题之类。我有我自己的东西要说、要讲，我没有话里有话地说任何人需要谈相同的东西，或者任何哪类东西。

——MIT conference, May 1981

全部这些事情我都不懂——深层问题、深刻问题；然而，物理学家们有一种糊里糊涂的方法，能躲避全部这类东西。

——MIT conference, May 1981

某种新思维是必要的，但物理学家，作为某种脑子不灵的人，仅仅看自然，不知道如何思考这些新路数。

——MIT conference, May 1981

我从来不想"这是我喜欢的，那是我不喜欢的"，我想"这是事实，那不是事实"。我喜欢不喜欢，其实无关紧要，我把喜欢不喜欢从我脑子里撇出去了。

——“QED: Photons—Corpuscles of Light”, The Sir Douglas Robb Lectures, University of Auckland, June 1979

我将不能以我惯常的方式说话了，因为我说得太快，所以我不得不讲得慢些，我也没有时间讲得太多。

——“The Computing Machines in the Future”, Nishina Memorial Lecture, August 1985

你告诉他们有些人以前常常相信巫术，当然如今没人信巫术，你就说：“人以前怎么能信巫术呢？”然后你四下看看说：“哦，我们现在相信什么巫术呢？我们现在做什么仪式呢？每天早晨我们刷牙！有什么证据说明刷牙对我们的口腔有好处？因为地球沿着轨道转，白天和黑夜之间有一条边界，在那条边界上，所有人——在那条边界上，大家都刷牙，那也没有什么好理由。正如在中世纪，当时的人搞其他仪式，你就趋向于把这条刷牙者的永恒线看成绕着地球转。”

——Interview with Yorkshire Television program, “Take the World from Another Point of View”, 1972

物理的乐趣，在我看来，是真相被揭示得如此非凡、如此奇妙。我有这种病，另外许多造诣很深，开始对事情是如何运行的稍有理解的人也被物理学迷住了，这种迷恋指引他们到了如此程度，他们一直能说服政府不断地支持他们，来搞人类发明的这种研究。

——Interview with Yorkshire Television program,
"Take the World from Another Point of View", 1972

我试过许多不同的方式，来理解物质的宇宙。

——Letter to Richard D. Farley, August 1975

[一位同事建议他写自传，他说]其实你的建议很怪，好比在我的帽子里放了一只蜜蜂，我希望它在让我动笔之前我就死了。

——Letter to Dr. Erik M. Pell, March 1976

以全新的方式思考事物，是我最大的乐趣，我很高兴地发现我把同样的快乐传染给了你。

——Letter to Dr. Frank Potter, November 1984
(*Perfectly Reasonable Deviations from the Beaten Track*, p. 371)

你问我对人生作何想法等，好像我有某种智慧似的。碰巧了，或许我也有智慧——我当然不知道我有没有智慧——我知道的全部事情，是我有些看法。

——Letter to Mr. V. A. Van Der Hyde, July 1986
(*Perfectly Reasonable Deviations from the Beaten Track*, p. 413)

关于KNXT电视台对我的采访，谢谢你的信。我对雾霾和其他许多东西，包括使用最好的英语，非常无知，这一点你是非常对的。

——Letter to Raymond Rogers, January 1966
(*Perfectly Reasonable Deviations from the Beaten Track*, p. 209)

在一个国家里，人不那么有知识，知识分子是很能吓唬人的。那种吓唬所采取的形式，是华而不实的研究与华而不实的言辞，讲的那些观念是相当简单的，或者空洞无物。如果有人说他们不理解某个观念，就会遭到白眼。对那些对自己的智力不非常自信的人而言，这是非常严酷的。

——*U.S. News and World Report* interview, February 1985

我能在压力之下写东西。其实我只能在压力之下写东西。

——“Joy of the Chase”, The Daily Telegraph, July 5, 1988

我怎么样？两个漂亮的仙女和她们的助手突击队员，五体投地地伺候着我，然而我却必须马上回到这里来教课。我多不容易啊。

——Letter to Mariela Johansen, January 1975

我妻子和我认为我疯了。

——Letter to Mariela Johansen, January 1975

如果你像其他每个人那样走相同的方向，你前头就有一大群人。

——CERN talk, December 1965

面对全部刚好相反的明显证据，那些人长年累月地坚持说男女具有相同的理性思维能力，是不是有点固执呢？

——National Science Teachers Association Fourteenth Convention lecture, “What Is Science?”, April 1966

我决定永远待在加州理工学院。那些家伙兴奋地跑来告诉我他们的发现；离开他们，我受不了。

—— *The Daily Times*, October 5, 1966

我知道，在我的生活中，同学兄弟会是很重要的事情。我知道这个——我是说，只要是社交的事，就重要——因为，尽管社交很难，但兄弟会逼迫我社交。不社交，是容易的；社交很可怕，不社交是容易的，但他们确保我能社交。他们教我跳舞。因此，过了一阵子，我的自信来得相对快一些了。

—— Interview with Charles Weiner, March 5, 1966
(Niels Bohr Library and Archives with the Center for the History of Physics)

[谈英语课]是的。我现在看不出我为什么为拼写担心。毕竟，你怎么拼写某个词？假如我把一个词拼错了？（下面是我的态度——那就是当年的态度。）我就犯了一个拼写错误。那意味着什么？那意味着这种倒霉的语言没道理。那就简直是一个愚蠢的拼写方法。某个伙计应该搞出一点进步来嘛。但愿那些英语教授们坐下来，琢磨出如何把拼写的问题捋顺，而不是一直教这号愚蠢之物——他们没有进步感，没有发展感；科学和其他事情就不这样。

—— Interview with Charles Weiner, March 5, 1966
(Niels Bohr Library and Archives with the Center for the History of Physics)

[谈大学课程]我一直竭力强调我在人文学科上的努力，是一直千方百计地利用科学，以便躲避人文学科。我斗争到底，斗得很苦。

——Interview with Charles Weiner, March 5, 1966
(Niels Bohr Library and Archives with the Center for the History of Physics)

我表达自我的那种方式居然能引起敌意，我想不明白；我确实表达自我，仅仅是这个事实，倒是可能引起敌意。

——Letter to Bill Whitley (KNXT), May 1959
(*Perfectly Reasonable Deviations from the Beaten Track*, p. 101)

物理世界是真实的，我对数学很痴迷，但那其实不为数学本身——你知道我是什么意思？数学叫人神魂颠倒，但我真正的心思在别处。我就决定，我必须把双手弄脏，我受不了这些抽象的东西。我就转到电气工程，因为那儿有真东西。但是，随后几个月，我意识到我走极端了，在这两者的中间地带——是物理学，那是个合适的地方。因此我转悠了一阵子后，到底是学了物理。

——Interview with Charles Weiner, March 4, 1966
(Niels Bohr Library and Archives with the Center for the History of Physics)

我去了一个科学的学校，麻省理工学院。学生联谊会嘛，在我刚入伙的时候，如果你自以为聪明，他们就试图让你觉得别那么自作聪明，手段是问你一些貌似简单的问题，让你努力琢磨事儿其实是怎样。那像是训练想象力，某种乐子。

——BBC “Fun to Imagine” television series, 1983

我总是努力自己做事，因为那样我或许可以学到某种东西，可能得到一个不同的观念。我从来不眼珠子向上看。

——Interview with Charles Weiner, March 5, 1966
(Niels Bohr Library and Archives with the Center for the History of Physics)

事儿其实是这样：我搞的那些会议记录，从来百无一用，我在会议上就不再记那么多了。

——Interview with Charles Weiner, February 4, 1966
(Niels Bohr Library and Archives with the Center for the History of Physics)

你们已经弄到很多空间，但不人浮于事，事儿看来就应该不赖啊！无论怎么说，你们干了事儿，你们也别忘了你们有卢瑟福，因此事儿不错。

——On life in New Zealand, “QED: Photons—Corpuscles of Light”,
The Sir Douglas Robb Lectures, University of Auckland, June 1979

好，我会为你写一篇关于“能量”的文章。然而，你提议给我225美元的稿酬，外加25份我写的这个词条的拷贝，我不要；等到这个百科全书出来了，我宁肯要完整的一套。

——Letter to Warren E. Preece (Encyclopaedia Britannica), January 1970

大家常常以为我装模作样，但我一般是诚实的，某种方式的诚实——那种方式嘛，常常谁也不相信！

——*Surely You're Joking, Mr. Feynman!*, p. 41; *Classic Feynman*, p. 42

我的才能，不包括在“国际关系”中争着抢着做广告。

——Letter to Clarence Streit, January 1966

任何含糊其词的理论，不完全荒谬，在每个方面都可以用更加含糊其词的说法拆了东墙补西墙，那就导致前后不一致了——如果我们一开始就相信谁的话，而不相信证据，我们就会陷入可悲的状态。

——*Feynman Lectures on Gravitation*, p. 22

于是我毕业了。我不得不穿学位服，好毕业啊。我还记得他们逗我，说普林斯顿不知道自己招到了个什么东西——普林斯顿是一个优雅的学府，你知道，而我是个粗人，诸如此类。我真不为此担心，但我态度认真，你知道，普林斯顿有某种优雅，那确有其事，而我并非优雅之人。

——Interview with Charles Weiner, March 5, 1966
(Niels Bohr Library and Archives with the Center for the History of Physics)

我还行，但说到社交，我是那种粗笨的角儿，那种简单的家伙。但我不为那个操心。我还有几分为此骄傲呢。

——Interview with Charles Weiner, March 5, 1966
(Niels Bohr Library and Archives with the Center for the History of Physics)

我是什么样子，我像个什么？——此事常叫我忧虑。因此，我在麻省理工学院的时候，我摆脱了这种忧虑。但是我有理由说，在常见的成长过程中，就这种打架斗殴之类的事而言，我敢说我理解一点。但无论怎么说，我在麻省理工学院确实是变了，我的性格，我对女孩的恐惧，我那稚嫩而胆怯、莫名其妙地感到不安全的性格，消失无踪了。

——Interview with Charles Weiner, March 5, 1966
(Niels Bohr Library and Archives with the Center for the History of Physics)

我相信，虽然我不敢保证全对，我身为大学生得到的大多数教育，是通过自学，通过对问题费心神，通过与朋友谈话，很少通过听课。在那年月，事儿就是那样的。

——Interview with Charles Weiner, March 5, 1966
(Niels Bohr Library and Archives with the Center for the History of Physics)

在麻省理工学院的时候，我读了很多东西。我解释不了何以如此。我忘了为什么。我泡图书馆。我读高级的书。那是我自学的方式，我读了好些东西——我贪婪地阅读、研究、学习。我读过广义相对论，那是我从一本书里知道的，我还和维尔平（Welpin）一起读了很多有关量子力学的书，读的全是这种东西。

——Interview with Charles Weiner, March 5, 1966
(Niels Bohr Library and Archives with the Center for the History of Physics)

对那种看世界的方式——科学的方式——我抱有很大的信念。现实是什么？要搞确定，不要胡搅蛮缠。

——Interview with Charles Weiner, March 5, 1966
(Niels Bohr Library and Archives with the Center for the History of Physics)

我会讲一个逗乐的故事——过后你可以把它扔掉，明白吗？我终于来到伊萨卡，在两点或者半夜吧。我下了火车，把行李箱擎在肩膀上，一如既往。然后我说：“且慢，你都教授了啊，你好歹得有个教授派头嘛。”一个脚夫问我：“我能拿你的箱子吗？”“不用，我自己扛。”然后我意识到：我必须开始一种有尊严的生活。于是我就让他把行李拿到出租车那儿，我相当优雅地坐在出租车后排座上，那伙计说：“去哪儿？”我说：“城里最大的旅馆，请吧。”

——Interview with Charles Weiner, June 27, 1966
(Niels Bohr Library and Archives with the Center for the History of Physics)

你知道，我是个偏科的家伙。我理解也喜欢科学，但有很多学术领域，我实在不感兴趣，像文学、心理学、哲学等；这些学科，以科学方式搞，就另当别论。我是非常偏科的。我不是一个心胸宽广的家伙，仅仅在科学中很宽广，但太沉迷于科学，并且故步自封。

——Interview with Charles Weiner, June 27, 1966
(Niels Bohr Library and Archives with the Center for the History of Physics)

我不喜欢非技术性的问题。那都不是我喜欢的玩意儿。对那种东西，我就是感觉不良。因此，我不很扯那种问题，我也不怎么出主意。

——Interview with Charles Weiner, June 28, 1966
(Niels Bohr Library and Archives with the Center for the History of Physics)

关于和平利用核能设备的安全问题，有人咨询我。我当时设想在“通用电器公司”设计那么一个设备。他们找我，其理由当然是因为我在洛斯阿拉莫斯做过安全问题。因此我觉得，为了在商业中和平利用核能，如果你知道这些事情，你应该帮帮忙。

——Interview with Charles Weiner, June 28, 1966
(Niels Bohr Library and Archives with the Center for the History of Physics)

我是一个很复杂的人。我的意思是：我有五花八门的旁门左道，数量无限。

——Interview with Charles Weiner, June 27, 1966
(Niels Bohr Library and Archives with the Center for the History of Physics)

鲍勃·威尔逊（Bob Wilson）进来了，说他得到了资金，要做一个事，那是秘密的，他不应该把这个事告诉任何人；但他来告诉我，因为他知道一旦我知道他要干什么，我就必定会要入伙。

——“The Remarkable Dr. Feynman”，*Los Angeles Times* Magazine, April 20, 1986

但是，我做过的不道德的事，我会说，是我忘了我说我做那件事的理由，因此当那个理由变了——德国战败了——我丝毫都不想那件事了，如今我必须考虑为什么我还要继续做那件事。我干脆不想它了，好吧？

——*No Ordinary Genius*, p. 58

理论物理是人类的一种努力，是人类较高发展的一项成果。证明研究物理的人是凡人，方式是展现他们也能干其他的事儿，如打小手鼓，这个说法对我是一种侮辱。

——Letter to Tord Pramberg, January 1967, regarding photos in a physics book of Feynman drumming (*Perfectly Reasonable Deviations from the Beaten Track*, p. 230)

你知道，你真的必须充分认识到，在这些学校里，在这里，我全部的困难——真正的问题，是缺乏供应。或许那很好，因此我有的是时间为基本问题操心，然后我才把自己淹没在高级的东西中。我得不到书。图书馆没有微积分的书。等到图书馆有了这种书，在一个星期之内，我就借走了——我是第一个借这种书的家伙。那是城里第一本微积分的书。

——Interview with Charles Weiner, March 4, 1966
(Niels Bohr Library and Archives with the Center for the History of Physics)

那也是你为之操心的事情——那些女孩会认为你是个娘娘腔。有苦说不出，那就是生活嘛。

——Interview with Charles Weiner, March 5, 1966
(Niels Bohr Library and Archives with the Center for the History of Physics)

身为一个自命不朽的荣誉团体的一员，我不愉快。

——Letter to Dr. Detlev W. Bronk and the National Academy of Sciences, August 1961
(*Perfectly Reasonable Deviations from the Beaten Track*, p. 108)

打从开始，我们就有一些极端重要的秘密。我们搞出了关于铀的许多东西，它怎么工作，全部这些东西都写在文件里，文件在文件柜里，文件柜是木头造的，木头柜上是微不足道的那种一般的挂锁。

——UCSB talk, “Los Alamos from Below”, February 1975

我确实记得一个时刻。我穿着睡衣，在撒满地板的纸上鼓捣东西，这些模样奇怪的图是可笑的，还有线伸出来。我自言自语，假如这些图真有用，别人也开始用，《物理评论》也不得不印这些愚蠢的画儿，那岂不可笑？

——*Omni* interview, February 1979, regarding the Feynman Diagrams

它是放射性的；它是钚。我们站在这房间的门口谈论它。这是一种人造的新元素，以前不曾在地球上存在过；在起初可能存在了非常短的一段时间，另当别论。

——UCSB talk, “Los Alamos from Below”, February 1975

我必须解释一下，我是科学家，但不意味着我不曾与人类有过接触嘛，普通的人类。我知道他们是什么样子嘛。我喜欢到拉斯维加斯，跟搞表演的女孩和赌徒聊天，诸如此类。我一辈子到处嘚瑟的事儿太多了，因此我了解普通人。

——“The Unscientific Age”, John Danz Lecture Series, 1963
(*The Meaning of It All*, p. 76)

[有人问他是否想读读已经为他准备好的讣告]我断定一个人提前读它，不是一个很好的主意；那会把惊讶的成分搞丢了啊。

——*Los Angeles Times* Magazine “The Cult of Richard Feynman”,
December 2, 2001, p. 16

Art, Music and Poetry
艺术、音乐与诗

米歇尔·费曼与卡尔·费曼提供照片

我到底是明白了艺术是干什么的，起码在某些方面。它给某人，单个的人，带来快乐。你能制造某个东西，某人如此喜欢，他们因此就忧郁，或者就高兴，全赖你制造的那个鬼东西！在科学中，那是某种一般而广大的东西：你不认识直接赏识它的那些人。

——*Surely You're Joking, Mr. Feynman!*, p. 267, *Classic Feynman*, pp. 305—306

更奇妙的是真实，那是以往的任何艺术家想象不到的。为什么现在的诗人不讲真实？如果木星或称朱庇特是一个人，诗人就讲它；但是，如果它是一大团旋转的甲烷和氨气，诗人就必须不吭声。诗人算是什么人啊！

——*Feynman Lectures on Physics*, vol. 1, pp. 3—6

如果你说这是一个科学时代，意思是科学在艺术、文学和人们的态度与理解等当中扮演一个好大的角色，那我就完全不认为这是一个科学时代。

——"The Unscientific Age", John Danz Lecture Series, 1963
(*The Meaning of It All*, p. 63)

我认为学校里的大多数孩子是非常成熟的。因为我知道学校里的一些学文学的朋友——你知道，那些写东西的人——以及我那些写剧本的朋友，他们会读伟大的剧作。他们不读儿童剧，你知道。任何在高中有任何长项的学生，已经知道他们必须看真东西。

——Interview with Charles Weiner, March 4, 1966
(Niels Bohr Library and Archives with the Center for the History of Physics)

我有一位艺术家朋友，他有时候持有一种观点，我不很同意。他会拿起一朵花说：“看，它很漂亮。”这个我同意。但是，他随后说：“我身为艺术家，能看到一朵花是多么美。但你呢，作为科学家，把它分解了，它就无趣了。”我认为他是某种不开窍的货。首先，他看到的美，其他人也能看到嘛——我相信，我也能看到。虽然我在审美上或许不如他那么精细，但我也能赏识花的美。但是，与此同时，在这朵花中，我看到的比他多。我能想象它内部的细胞，细胞也有一种美。不仅在一微米的尺度上有美，在更小的尺度上也有美啊。细胞有些复杂的行为，还有其他过程。花的颜色，进化出来是为吸引昆虫来授粉的，这个事实是有趣的；那意味着昆虫能看到颜色。那就又来了一个问题：我们的审美感觉，在低级生命形式里也存在吗？从科学知识中带来了五花八门的有趣问题，这只能为我们增加对花儿的兴奋、神秘和惊叹。科学有所增益。我不理解科学怎么会克扣。

——*The Pleasure of Finding Things Out*, p. 2; *Classic Feynman*, p. 13; *What Do You Care What Other People Think?*, p. 11

我非常想学画画，理由只有我自己知道：我想表达我的一种感情，关于世界之美的感情。

——*Surely You're Joking, Mr. Feynman!*, p. 261, *Classic Feynman*, p. 299

文艺复兴时期的艺术家们，说人主要应该关心人，但世界上还有其他有趣之事。连艺术家也欣赏西沉的太阳、大海的洪波、横驰天穹的星阵。这就有理由时不时地也谈谈其他事情。

—— *The Character of Physical Law*, p. 13

巴西的小手鼓，在我看来，从来不是“音乐”——我不识谱，对正经的音乐一无所知——搞出带节奏的噪声，本就是乐事。从学术意义上说，它不涉及那么多“学术”。

—— Letter to Dr. William L. McConnell, March 1975
(*Perfectly Reasonable Deviations from the Beaten Track*, p. 281)

有人想要我的画儿，是因为那些画儿是一个物理学家画的，那我就抱歉不能寄一幅画儿给你了，这是我的原则。

—— Letter to Dr. William L. McConnell, March 1975
(*Perfectly Reasonable Deviations from the Beaten Track*, p. 282)

奥登（Auden）先生的诗，仅仅坐实了他对自然的奇妙无动于衷，因为他本人说，他想更清楚地知道“我们求知”到底有什么用。我们求知，我们才更爱自然嘛。

—— Letter to Mrs. Robert Weiner, October 1967
(*Perfectly Reasonable Deviations from the Beaten Track*, p. 248)

我们时代的愚钝，早有人大为哀叹，那种愚钝只能由艺术来减缓；有科学而无艺术，肯定无能为力。艺术和诗能提示心灵有美存在，而且逐渐把生活搞得更美。

—— Letter to Mrs. Robert Weiner, October 1967
(*Perfectly Reasonable Deviations from the Beaten Track*, p. 248)

许多可能的视角，并不明显地等同，这也是艺术的伟大性的一个迹象；这个念头，我从来没想到。

——Letter to Jay A. Young, August 1966

科学的价值，仍然不曾得到歌唱家的颂扬，因此你就只剩下听了——不是听一首歌或一首诗，而是听一场关于科学的晚间讲座。现在仍然不算一个科学时代。

——“The Value of Science”, December 1955, *The Pleasure of Finding Things Out*, p. 145

我打鼓这个事实，与我搞理论物理学这个事实，是丝毫关系也没有啊。

——Letter to Tord Pramberg, January 1967, regarding photos in a physics book of Feynman drumming (*Perfectly Reasonable Deviations from the Beaten Track*, p. 230)

[谈诺贝尔奖的研究工作] 大部分的研究工作，是在特柳赖德那个地方完成的，那里的气氛清静而安宁，确实如此——清静和安宁，我一直试图用丛林鼓点将其驱走。

——Letter to Erik M. Pell, November 1965

人类的心灵进化成这个样子，它是从动物进化来的，它按照某种方式进化，就是说，心灵像任何新工具，天生地有毛病和难处。心灵有其麻烦，麻烦之一是心灵会被自己的迷信污染了，迷信把心灵自己搞迷惑了；这个发现最终搞出了一个方法，让心灵遵循一贯的路线，如此才能在某个方向上取得一点进步，而非在一个圈子里打转转，或者把自己逼进窟窿里。

——Galileo Symposium, “What Is and What Should Be the Role of Scientific Culture in Modern Society”, September 1964, *The Pleasure of Finding Things Out*, p. 103

Nature
自然

米歇尔·费曼与卡尔·费曼提供照片

诗人说科学把美从恒星那里赶走了——仅仅是一团一团的气体原子。我也能在沙漠的夜晚看那些恒星，也能感受之。但我能看得更少，还是更多？天穹之广袤，伸展我的想象力——粘在地球这个旋转木马上，我微弱的视力能抓住一百万年前的光。一个宏大的模式，我是它的一部分……这模式，或者说这意义，或者说这个所以然，是什么？对此稍知一二，对神秘感是没有害处的啊。

——*Feynman Lectures on Physics*, vol. 1, pp. 3—10; *Six Easy Pieces*, p. 59

我对诗人的那些说法，从根本上说，不意味着抱怨现代诗人对现代物理学不感兴趣——而是意味着他们对400年来科学家所揭露自然的奥妙不曾表现出赏识的感情。

——Letter to Mrs. Robert Weiner, October 1967
(*Perfectly Reasonable Deviations from the Beaten Track*, p. 248)

物理学家试图发现自然如何行为。

——*Omni* interview, February 1979

物理学当然是宇宙的核心，但愿我们从物理学中向外看，看看我们周围都是什么……

——Audio recording of *Feynman Lectures on Physics*, Lecture 3, October 3, 1961

如果你想在空气中烧毁一颗钻石，你能——但你是某种傻瓜啊。

——Audio recording of *Feynman Lectures on Physics*, Lecture 1, September 26, 1961

但是，那表明这么一回事：如果我们充分扭曲几何学，那么说全部引力都以某种方式与伪力或称假想力有关系，是可能的。

——Audio recording of *Feynman Lectures on Physics,* Lecture 12, November 7, 1961

小尺度上的事情表现得丝毫不像大尺度上的事情。此事把物理学搞得艰难，也非常有趣。

——Audio recording of *Feynman Lectures on Physics,* Lecture 2, September 29, 1961

自然，就事论事地说，似乎经过了设计似的，真实世界中最重要的事情显得是许多规律产生的一种复杂的事故。

——Character of Physical Law, p. 122

科学创造的世界观是有价值的。世界有美和妙，通过这些新科学的结果而得以发现。

——National Science Teachers Association Fourteenth Convention lecture, "What Is Science?" April 1966

原子核很小。原子的直径是10^{-8}厘米，核的直径在量级上就是10^{-13}厘米。此为何意？如果你有一个原子，你想看到核，你就必须把它扩展，把它放大，因此整个原子的大小就像这屋子，而核就是一粒微尘，你的肉眼刚刚能看到——直径是1厘米的百分之一。

——Audio recording of *Feynman Lectures on Physics,* Lecture 2, September 29, 1961

生物与生命，如此密切。关于生物的深度化学的普适性，确实是一个令人想入非非的漂亮之物。我们人类一直都过分骄傲，这才认不出我们与动物有亲戚关系。

——“The Uncertainty of Science”, John Danz Lecture Series, 1963
(*The Meaning of It All*, p. 12)

很容易表明：假设自然是非相对论的，那么如果事情打从开始是那样的，就会一直那样，因此问题将退回给“创造”本身，只有上帝知道那是怎么办成的。

——Dirac Memorial Lectures, “The Reason for Antiparticles”, 1986

对一种成功的技术而言，事实必须优先于公关，因为自然不受愚弄。

——*The Pleasure of Finding Things Out*, p. 169; *No Ordinary Genius*, p. 218

在这个星系里有很多恒星。如果你想为之起名，一秒钟起一个名，为我们星系的全部恒星起名——我不想说宇宙中的全部恒星，仅仅说此地的这个银河系——那将花费三千年。然而，那不是个很大的数。因为如果这些恒星都向地球抛下一块钱的票子，抛一年，每颗恒星抛一块钱，从美国的预算来考虑，恒星们要担心赤字了。

——BBC “Fun to Imagine” television series, 1983

[回答一个孩子的问题：“一个不可抵抗的力遇到一个不

可动摇的物，则如何？”]它俩握握手呗。

——From notes for “About Time” program, 1957

我们制造的全部事情都是“自然”。我们把自然编排一番，迎合我们的目的。

——“The Computing Machines in the Future”,
Nishina Memorial Lecture, August 1985

我们把一个鸡蛋摔在人行道上：它就向四面八方溅开。另一方面，如果我们在人行道上有这么一片鸡蛋的杂碎，我们就不要指望它会凑成一个完整的鸡蛋，还要跳到我们的手里。因此，如果反转时间的方向，自然规律显得不同，此事是一目了然的。

——From notes for “About Time” program, 1957

在小尺度上写信息，生物学的这个例子启发我想到了一个事儿，那应该是可能的。生物不仅仅写信息；生物做某种关于信息的事儿。一个生物系统可能小得厉害。许多细胞是很小的，但细胞是很活跃的；细胞制造五花八门的物质；细胞溜达；细胞扭动；细胞做各种各样奇妙的事——全都在非常小的尺度上。

——*There's Plenty of Room at the Bottom*, 1960

引力的起源是一个难题，叫我大为困惑，我认为我们完全没有把它理解透彻。

——Correspondence with R. I. Elliott on gravitation, January 1949

试图理解自然的工作方式，涉及对人类推理能力的一种最严酷的考验。自然的工作方式涉及微妙的窍门，涉及漂亮的逻辑走钢索——你必须走这种钢索，以免在预言何事会发生之际犯错误。

——"The Uncertainty of Science", John Danz Lecture Series, 1963
(*The Meaning of It All*, p. 15)

想象力频频探出头来，试图成就某种更高层次的理解，直到我突然发现我自己暂时孤独了，然后美妙而真正庄严的自然模式的一个新角落显露出来了。那是对我的奖励。

——From Les Prix Nobel en 1965 [Nobel Foundation], Stockholm, 1966

譬如我孤身站在海边，开始浮想联翩，
海里有惊涛骇浪，分子构成了大山。
每个分子自顾自，分开了有万亿万，
一致行动就是白浪滔天。
亘古洪荒，在每一个能看到的眼前，
年复一年，洪波拍岸一如当前。
为了谁，又为什么？
在一个死寂的行星上，没有生命在看。

永不停息，受能量的催逼，
太阳如此挥霍，把能量泼向空间。
一只小虫让大海咆哮。
在大海深处，全部分子重复彼此的模式，
直到复杂的新模式出现。
它们制造了其他模式，和它们自己一般，
一场新的舞蹈开始表演。
个头和复杂性都在增长，
活的东西，是原子一团团，
DNA，蛋白质，舞蹈模式更麻烦。
从这个摇篮爬出来，爬上了岸。
就在这里，它站起身来：
原子有了意识，物质居然好奇。
站在海边，面对奇妙而觉得奇妙：
我，由原子构成的一个宇宙，
宇宙中的一个原子。

——The Value of Science, December 1955, *What Do You Care What Other People Think?*, pp. 243—244, *The Pleasure of Finding Things Out*, p. 144, *Classic Feynman*, p. 485

我们欣赏人类心灵，此事我们喜欢做，当此之际——我们所欣赏的，总是另一个人的心灵——我们应该抽出一点时间，让我们对自然发出惊叹；这个自然居然能遵从如此这般的完善性和普遍性，如引力定律那样优美而简洁的原则。

——Audio recording of *Feynman Lectures on Physics*, Lecture 7, October 17, 1961

物理学定律有这种抽象的性格，是其特色。正如能量守恒是一个关于量的定律，你必须把那些量加起来，不用机器；力学的那些伟大的规律是定量的数学规律，也没有什么机器来发现这些规律。

——Audio recording of *Feynman Lectures on Physics*, Lecture 7, October 17, 1961

[谈他父亲]他继续说，在世界上，但凡有任何某种资源，可以维持生命，某种生命形式就拐弯抹角地利用那种资源；连剩下来的一点点，也被某种东西吃了。

——National Science Teachers Association Fourteenth Convention lecture, "What Is Science?" ,April 1966

我们从大量经验中知道：关于自然将意欲何为，全部的哲学直觉都失败了。

——*The Character of Physical Law*, p. 53

我们习惯于嘲笑古希腊人，他们声称行星必须走圆圈，因为圆是完美图形。如果他们是在现代讲话，他们将使用群论的论据，暗示说：从行星的观点看，太阳的样子总是一样的，或者说我们就有在某种组合时间位移和自转之下的不变性。但行星就是不走圆圈！自然是不"对称的"，问题是：

为什么不？

——Programme of American Physical Society Annual Meeting, 1950

自然只用很长的线编织她的图案，因此她的织物的每一小片，都显示整个织锦的组织方式。

——*The Character of Physical Law*, p. 34

自然看似巨大的复杂性，连同其古怪的规律和规则，每一条都为你仔细解释过了，其实是非常密切地交织在一起。然而，如果你不欣赏数学，在多样的事实中，你就看不到那个逻辑，那个逻辑让你从一个事实走到另一个事实。

——*The Character of Physical Law*, p. 41

我们看那些恒星：我们看到的全部的光，那些微小而流畅的光，跨越三光年（就最近的恒星而言）从恒星传来。一直，一直，一直走，来自那恒星的光散布开来，波前变得越来越宽，越来越弱，越来越弱，分散到全部空间中去；最终，那光的一小部分落进了3毫米的一个小小的黑窟窿里，那对我有作用，因此我知道那恒星在那儿。

——BBC "Fun to Imagine" television series, 1983

音乐的经验究竟如何，你能搞出来的全部学术论点，无法与聋子的耳朵交流。

——*The Character of Physical Law*, p. 58

从自然的一个部分，可能猜到其余的会怎样；自然究竟为何如此发生？这是一个非科学的问题：我不知道怎么回答。因此，我将提供一个非科学的答案。我认为，那是因为自然有一种简朴性，因此也有伟大的美。

——*The Character of Physical Law*, p. 173

总有另外一种方式，来讲相同的一件事；这种方式与你以前讲它的方式丝毫不相似。事情是这样，我不知道有何道理。我认为，不知道怎么的，那代表自然的简朴性。

——From *Nobel Lectures, Physics 1963—1970*, Elsevier Publishing Company, Amsterdam, 1972

只要你能用几种不同的方式充分描述一件事，而不必立刻知道你正在描述同一件事，这件事或许就是简朴的。

——From *Nobel Lectures, Physics 1963—1970*, Elsevier Publishing Company, Amsterdam, 1972

自然总像是一团乱麻，但我们走一程，就看到一些模式，然后把一些理论放在一起；某种清晰性就来了，事情变得简单一些了。

——*QED: The Strange Theory of Light and Matter*, p. 149

你能够知道某种鸟在全世界全部语言中的名字，但在你记住了全部那些名字之后，你对那种鸟绝对是一无所知。你仅仅知道不同地方的人类怎么叫那种鸟。

因此，让我们看看那种鸟吧，看看它在干什么——那才重要。

——*What Do You Care What Other People Think?*, p. 14; *Classic Feynman*, p. 15

拿来一只苹果，如果你把它放大到地球的大小，那么这放大的苹果里的原子大体就像苹果那么大。

——Audio recording of *Feynman Lectures on Physics,* Lecture 1, September 26, 1961

自然并不介意我们怎么称呼它，它仅仅自顾自地干着自己的事儿。

——Audio recording of *Feynman Lectures on Physics,* Lecture 1, September 26, 1961

完全不存在永久运动，这个事实是对能量守恒定律的一般陈述。

——Audio recording of *Feynman Lectures on Physics,* Lecture 4, October 6, 1961

如果你想谈论自然，你就要谈论某种复杂而肮脏的东西，因此起先是大约的东西，然后逐渐增加精确性。

——Audio recording of *Feynman Lectures on Physics,* Lecture 12, November 7, 1961

毫无疑问，自然比我们关于自然的全部想法要简单些。

——Yorkshire Television interview, “Take the World from Another Point of View”, 1972

我想发现的，不是自然可能是怎样，而是自然其实是怎样，看看什么是对的。

——Yorkshire Television interview,
“Take the World from Another Point of View”, 1972

因此，事情能够是这样的：距离和时间似乎都会变，事物将叫人害怕、将惊扰人心，而且伪装一种时间感，那与你的时间感不一样，但这一切仅仅因为有某种东西遗漏了。存在另一种观点，时间和空间加起来了，这才产生出这种新感觉，但需要巨量的想象力，因为我们没有可资类比的此种经验。

——Audio recording of lecture on relativity,
Douglas Advanced Research Laboratory, 1967

生物系统运动得那么快，假如那是寻常经验，那么毫无疑问，在大脑内部将进化出一种特别的布线方式，那种布线方式实际上不会要求我们学会相对论；相对论正确，将是一种内在的感觉。

——Audio recording of lecture on relativity,
Douglas Advanced Research Laboratory, 1967

对相对论的这种相当琐屑的理解，在透视法被人理解的时候，早就可以被人很容易地就理解了；那个著名的传说，讲几个盲人摸象，你知道，他把象摸成绳子了，因为他抓着象尾巴，或者摸成树叶了，因为他抓着象耳朵，如此等等，这仅仅是同一个观念：事情依赖于你的观点。

——Audio recording of lecture on relativity,
Douglas Advanced Research Laboratory, 1967

能是一个非常微妙的概念。它非常难以搞对。

——"What Is Science?" *The Pleasure of Finding Things Out*

大脑的一部分能将就着做很多“思考”和解释的事儿，我们还意识不到此事，也不能控制此事，这真不可信吗？或许不可信，但或许也可信。最简单的动物，如果它明白的话，必定能在这个水平上思考。

——On human and animal eyesight, in a letter to Edwin H. Land (Polaroid Corporation), May 1966 (*Perfectly Reasonable Deviations from the Beaten Track*, p. 224)

光有重量，一个有限的重量，与光的有限质量成正比——既不是零，也不是无限。任何对象，在加速之际，就变重，直到它达到光速，它就比在它静止的时候无限地更重。但光永不静止，所以此论不适用于光。在引力场里，光会下落，稍稍下落，看起来离太阳很近的那些恒星的形象（在日食期间）是移位了，因为那光不走直线，而是在经过太阳附近的时候，稍微向太阳弯曲，因为光会下落嘛。

——From notes for “About Time” program, 1957

世界是一个旋转的球，人从四面八方攀附在这个球上，有些人头朝下。在一团大火面前，我们就像一个烤肉叉那样转。我们围绕太阳转。那是更浪漫、更动人的。什么把我们笼络住了呢？引力啊，引力不仅是地球上的事儿，首先也是引力把地球弄圆了，也把太阳笼络住了，让我们一直绕着太阳跑，而我们一直试图抽身跑开。这种引力掌控局面，不仅在恒星上，也在恒星之间；引力把恒星笼络进一些很大的星系里，四面八方地延伸若干、若干千米。

——“The Uncertainty of Science”, John Danz Lecture Series, 1963
(*The Meaning of It All*, p. 10)

相对论的原理，可以这样陈述：在一个封闭空间里，物体在其内部的运动，无论这封闭空间是静止的，还是一直在做匀速直线运动，都是相同的。

——Audio recording of lecture on relativity,
Douglas Advanced Research Laboratory, 1967

生命的内部机制，即各部分之间的化学活动，是某种美的东西。

——“The Uncertainty of Science”, John Danz Lecture Series, 1963
(*The Meaning of It All*, p. 11)

在我们这粗陋的眼睛看上去是静止的东西，其实是一场狂野的舞蹈。

——“The Uncertainty of Science”, John Danz Lecture Series, 1963
(*The Meaning of It All*, p. 12)

当我们明白科学观察是对于一个观念的真实性的终极裁判时，科学的全部其他方面和特点，可以得到直接的理解。

——“The Uncertainty of Science”, John Danz Lecture Series, 1963
(*The Meaning of It All*, p. 15)

对自然的复杂性，对地球上的生命进化，如果你有任何充分的认识，你就能理解生命的可能形式，会是极端多样的。

——“The Unscientific Age”，John Danz Lecture Series, 1963
(*The Meaning of It All*, p. 15)

关于时间的流动，我们的心理感觉，于是就转变成了和量有关系的一种确定的物理观念；那个量，我们可以精确地测量，我们也可以讨论相同的时间间隔。

——From notes for “About Time” program, 1957

因此，现在我们问宇宙有多老，此刻我们最好问宇宙的什么地方有多老。

——From notes for “About Time” program, 1957

问题是：两个事件，对我显得同时发生，对任何别人也显得同时发生吗？这个问题是这么一个问题：“现在”是否存在一个绝对的意义，因为现在就是发生在“此刻”的相同时间的全部事件。如果从你的观点看，居然另有一组不同的事件发生在“现在”，我们就必须说对我和对你而言的现在，是不一样的，也没有什么绝对意义。

——From notes for “About Time” program, 1957

你对自然有如此深刻的兴趣，你很幸运啊；等你对自然了解更多的时候，即便你发现理解自然要比你本来设想的复杂得多、困难得多，但在某些方式上自然也比你想象得更简朴而优美。

——Letter to student Charles E. Tucker, April 1967

你们都知道科学的一些妙趣——我不是在对普通听众讲话——因此，我就不想再次拿出一些关于科学世界的事实让你嘚瑟起来；我们都是由原子构成的，时间与空间极其浩瀚，我们的历史地位是一系列不同凡响的进化过程的结果，我们在进化序列中的位置，进一步说我们的科学世界观的那个最不同凡响的方面是这种意义上的普适性；关于这些事实，虽然我们说自己是专家，其实我们不是。

——Galileo Symposium, "What Is and What Should Be the Role of Scientific Culture in Modern Society", September 1964

我们的知识其实是普适的，这个事实不曾被大家完全认识；理论的地位是非常完善的，我们去搜寻反例，我们发现反例很难找到——起码在物理学中是这样——全部那些机器和仪器之类，破费巨大，就是为了发现我们已经知道的东西有没有什么例外情况。

——Galileo Symposium, "What Is and What Should Be the Role of Scientific Culture in Modern Society", September 1964

关于介子和基本粒子，你有什么想法吗？我的介子理论观念，仅仅是现象的观察，或者是对电动力学孩子气的修正。与使用赝标量场理论相比，大自然肯定有更好的想象力。

——Letter to Professor L. Landau, November 1954

在经典物理学中，有另外一个东西，你可以测量，那是像速度的那么一种东西——其实它叫动量：它是速度乘以质量，它告诉你某个东西如何优雅地滑行。

——Esalen lecture, “Quantum Mechanical View of Reality (Part 1)”, October 1984

因此，或许就来到了一个时代，当时某个物种，学习效率得到增长，到了一个相当的高度，突然之间一个全新的事儿发生了；一个动物可以学会事情，还传给另一个，再传给另一个，传得足够快，族群就忘不了。因此，族群的知识积累就变得可能了。这有时候被称为“时间捆绑”。

——National Science Teachers Association Fourteenth Convention lecture, “What Is Science?”, April 1966

有了族群的记忆力，有了积累起来的知识，可代代相传，此乃世界上的新现象。但其中有一种病，有可能把错误观念传下去。有可能传下去一个观念，而这个观念对人类种族是不合理的。

——National Science Teachers Association Fourteenth Convention lecture, “What Is Science?”, April 1966

接下来，躲避这种病的方法被发现了。这是要怀疑那些往昔传下来的东西事实上是不是真的，要试图重新从经验中发现情况是怎样，而不相信以祖传形式存在的那种往昔经验。

——National Science Teachers Association Fourteenth Convention lecture, "What Is Science?", April 1966

树是空气构成的，主要的是树被烧了，重返空气，在火焰中热被释放了；太阳的热被树束缚了，把空气转变到树里；灰烬是并非来自空气的那部分东西的微小残余，那是从固体的土壤里来的。

——National Science Teachers Association Fourteenth Convention lecture, "What Is Science?", April 1966

我对与经典理论和谐相处的全部分析都不满意，因为自然不是经典的，如果你想制造自然的一个模仿品，你最好把它搞成量子力学，而且托老天爷的福，那是一个有趣的难题，因为那看起来不那么容易啊。

——MIT conference, May 1981; "Simulating Physics with Computers", International Journal of Theoretical Physics 21(1982): 467—488 at 486

这个属性（波长）有一个广大的范围，一个现象的范围，那就是这个完整而巨长的光谱。肉眼能看到这个光谱上的一段非常狭小的范围，全部放在一块儿，符合整个电磁波的理论。我要讲光谱的那个部分，我准备称之为"光"，而不说"电磁辐射"。光，我们所见之物，仅仅是一小部分，但物理学家的观点，是说人类的眼睛碰巧敏感于从这儿到这儿的波，这是偶然的，无关乎本质。现象是相同的——那是整个的范围。

——“QED: Photons—Corpuscles of Light”, The Sir Douglas Robb Lectures, University of Auckland, June 1979

如果你想知道自然的工作方式，我们就高兴地看它，那就是那个方式的样子！你不喜欢它？那另找个地方吧——到另一个宇宙去，在那儿规则是比较简单的！

——“QED: Photons—Corpuscles of Light”, The Sir Douglas Robb Lectures, University of Auckland, June 1979

我们欣赏人类心智，我们必须也应该同样敬畏自然；自然遵循完整性和普适性，如引力定律那种优雅而简朴的原理。这个定律是怎么说的？宇宙中的每个物体都互相吸引，引力与每个物体的质量成正比，与其距离的平方成反比。

——In personal notes

那些司空见惯的东西，那些一直得到观察、显得一目了然的东西，在这个世界里，是迥然不同的。事情原来是这样：我们原以为一目了然的东西，是错误的，那是更复杂的——或者也并不更复杂，却仅仅是不同！其实，有时候它更简单，也更漂亮。

——“QED: Electrons and Their Interactions”, The Sir Douglas Robb Lectures, University of Auckland, June 1979

最有弹性的东西，如钢制的弹簧之类，无非是这种带电的东西要扯回去：在你把东西弯曲的时候，你把那些原子扯得稍微分开，然后原子就试图返回去凑在一起。但是，橡皮带的工作原理不同。有一些很长的分子，像链子；还有另外的小分子一直在颤抖，轰击那些链子。链子弯弯曲曲。当你拉开橡皮带，里面的那些绳子似的东西就伸直了一些。但这些绳子在侧面遭到其他原子的轰击，想把那些绳子缩短，手段是让绳子卷曲。因此，橡皮带就扯回去，它试图扯回去。它扯回去，仅仅因为热！

——BBC "Fun to Imagine" television series, 1983

我一直发现橡皮带令人着迷。想想，橡皮带一直放在一摞纸上，放很长时间，它把那些纸粘在一起；之所以这样，是因为原子不断地砰砰砰地撞击那些链子，想把链子弄卷曲，长年累月地这么弄。

——BBC "Fun to Imagine" television series, 1983

我们过分习惯于环境了；在环境中，这些电现象都隐而不彰，万事万物是某种中性状态，推推搡搡、拉拉扯扯，表现得呆滞无聊，但自然拥有奇妙之事：磁力和电力。

——BBC "Fun to Imagine" television series, 1983

你必须把你的观念与自然对照；自然告诉你对或者错。自然产生现象，现象需要解释。你不能鼓捣你自己的假设，然后分析其推论。

——Letter to Mr. Robert Bonic, January 1974

[谈引力定律]这个定律的知识，就我想到的而言，其唯一的用处，是地质勘查，是预报潮汐；现而今，有更新式的用处，那就是搞出卫星和我们放出去的行星探测器的运动，诸如此类。最后，也是新式的，是计算行星位置的预报，这对占星学家有大用，他们在杂志的占星术专栏里发表预言。我们身处一个怪异的世界中——知识上的全部新进展，只用来延续胡说八道，存在了两千年的胡说八道。

——*The Character of Physical Law*, p. 27

天文学比物理学更古老。其实，天文学推动了物理学，借助于展现恒星和行星运动的那种美妙的简朴性，理解这种简朴性乃是物理学的开端。

——*Feynman Lectures on Physics*, vol. 1, p. 59

我认为自然的想象力大大超过人的想象力，自然永远不让我们松口气！

——BBC "Fun to Imagine" television series, 1983

全部天文学最不同凡响的发现，是恒星是由地球上的同类原子构成的。

——*Feynman Lectures on Physics*, vol. 1, p. 3

当然，人类也为许多其他目的而求知，搞战争，搞商业，帮助贫病的人，等等，各种有价值的动机。这些明显的动机及其结果，诗人确实理解，也为之写诗。但是，敬畏之感，奇妙之感，快乐与热爱，都是诱发动机，去了解生命世界和无生命世界里的自然之道，整个地（因为那两个世界是一个）很少在现代诗歌中得到表达。在文艺复兴时期，人们可是一直知道自然值得欣赏。

——Letter to Mrs. Robert Weiner, October 1967
(*Perfectly Reasonable Deviations from the Beaten Track*, p. 248)

看看自然的一个片段，怎么就可能猜得出另一部分必定是什么样子呢，你以前不曾见识过另一个部分啊？仅仅在现代，人确实能猜到自然在某些情况中会干什么，而人以前不曾看过那些情况。

——“Strangeness Minus Three”，BBC, 1964

这个宇宙得到了许多描述，但宇宙自顾自地走，其边缘不为人知，正如古人对无底的大海的看法，他们也不知海底何在——神秘莫测，令人敬畏，正如以前诗意的描绘。

——“The Uncertainty of Science”，John Danz Lecture Series, 1963
(*The Meaning of It All*, p. 10)

我喜欢科学，因为当你思考某事，你可用实验检查之：自然说“是”或者“非”；然后你就从那儿继续走，就进步。要把“真”从“假”里扒拉出来，科学之外的智慧没有什么同等程度的确定方法。

——Letter to Beata Kamp, February 1983
(*Perfectly Reasonable Deviations from the Beaten Track*, p. 356)

我们习惯于从生物的观点看世界，结果我们理解不了活着是什么意思，但在绝大部分时间里，世界上没什么东西是活的。今天，在宇宙的大多数地方，也多半没什么东西是活的。

——“The Uncertainty of Science”, John Danz Lecture Series, 1963
(*The Meaning of It All*, p. 11)

什么玩意儿把你搞得如此自信，你认为关于核力之间的相互关系这一发现，会如此有趣？我们何以知道那种关系就不会是某种复杂、脏乎乎或者简单的东西？我们不知道。我们横竖是一如既往地尝试。我们不确知。冒险是值得的，因为它非常可能是特别的；如果它是特别的，它就会非常有趣。

——“Strangeness Minus Three”, BBC, 1964

Imagination
想象力

理查德·哈特（Richard Hartt）摄影
加州理工学院提供照片

我不知道为什么有些人觉得科学乏味而难学，而另一些人发现它好玩而容易，但科学有一个特点，我从中得到了很大的动力，那个特点是科学需要好多想象力，来琢磨世界其实是怎样。

——*No Ordinary Genius*, p. 125

我不想低估从科学努力中得来的那种世界观的价值。我们一直受科学引导，设想全部种类的事物比以前的诗人和梦想家所想象的东西更神妙。科学表明自然的想象力远远比人的想象力更伟大。

——"The Value of Science", December 1955, *The Pleasure of Finding Things Out*, p. 143,
"The Uncertainty of Science", John Danz Lecture Series, 1963
(*The Meaning of It All*, p. 10)

大家认为，在中世纪人们仅仅做了一些观察，那些观察结果本身就暗示规律。但是，只观察是不管用的。实情需要更多的想象力。因此，下次我们必须谈谈，新观念来自何处。其实，只要有新观念就好，管它哪儿来的。

——"The Uncertainty of Science", John Danz Lecture Series, 1963
(*The Meaning of It All*, p. 21)

令人惊讶的是大家不相信科学里有想象。那是一种非常有趣的想象，和艺术家的想象不同。最大的困难是想象某种你不曾见过的东西，它要在一切细节上与已经见过的东西不矛盾，它还要和已经想到的东西不同；除此之外，它必须是确定的，而非一个含糊其词的说法。那确实是难啊。

——“The Uncertainty of Science”, John Danz Lecture Series, 1963
(*The Meaning of It All*, p. 23)

我玩的游戏，是非常有趣的那种。那是想象，穿着紧身衣的想象，那是这样的：它必须与所知的物理定律相融洽。

——*No Ordinary Genius*, p. 98

我发现我自己一刻不停地想象各种各样的事情，我从此得到了一种动力，正如跑步的人把流汗视为一种动力。我从思考这些事情中得到动力。我停不下来！

——BBC “Fun to Imagine” television series, 1983

我用科学来思考。用科学来思考的难处之一，是它花费太多的想象力。

——BBC “Fun to Imagine” television series, 1983

天文学的好大一部分是想象。哪种结构，哪种东西，或许可能发生，以产生我们所见的那些星体的那种光和效应，等等，猜测是必然的。

——BBC “Fun to Imagine” television series, 1983

在科学中，根据某个定律的全部已知的知识，有许多次，利用想象，你想象到了某种可能的东西，但你不知道那是不是真的。

——BBC “Fun to Imagine” television series, 1983

我们必须想象，从另外一个观点来看，事情可能是怎么样的。那种观点或许是我们向来不能采取的。

——Audio recording of lecture on relativity,
Douglas Advanced Research Laboratory, 1967

关于细致的实验，关于许多思想，需要用心地研究，以便把我们的想象力提高到这个地步，以便看到这一点。若非如此，我们或许也会很好。比方说，如果我们进展很快，那么我们或许就能相当直接地看清全部这些事情。

——Audio recording of lecture on relativity,
Douglas Advanced Research Laboratory, 1967

对我而言，除非我要研究一个神秘现象，那么把神秘留在神秘状态中，而不装模作样地假装我知道它的答案，是更加有趣得多的事情。

——*No Ordinary Genius*, p. 18

如果你能告诉我的全部东西只是昨天发生了什么，知识就不会有什么真实的价值。如果你做某事不仅必要，而且好玩，你就有必要告诉我明天会发生什么事情。只是你必须愿意伸着脖子向前看。

——“The Uncertainty of Science”，John Danz Lecture Series, 1963
(*The Meaning of It All*, p. 25)

我们的想象力被扯到了极限，不是在科幻中想象子虚乌有，而是仅仅为了理解真正存在的事情。

——*The Character of Physical Law*, pp. 127—128

我必须在某个地方停下来，留下某种事情，给你想象！

——BBC “Fun to Imagine” television series, 1983

Humor
幽默

费曼标准肖像，1965年，哥本哈根的克莱门斯摄影
加州理工学院提供照片

我是费曼教授，居然也穿西装。

—— *The Pleasure of Finding Things Out*, p. 97

一位诗人，说得蛮有道理，
整个宇宙在一杯葡萄酒里，
我认为我们不知他是什么意思 ——
因为诗人不写你能懂的东西 ——
但如果你凑近看一杯酒，
你确实会看到整个宇宙。
物理的东西应有尽有：
光的反射，液体的颤抖，
我们的想象，外加原子。
它蒸发，那指望风和天气。
那玻璃是地球岩石的升华，
在玻璃的构成中，正如我们所知，
是宇宙年龄的秘密，
是恒星的演化奇迹。
酒里有一大批什么化学物质？
它们怎么偏就存在于此？
有酵母，有酶，
有基质，有产物。
而在酒里，我们发现了那个伟大的概括：
全部生命是发酵。

你也发现不了酒的化学，
如果你不像巴斯德那样
发现许多病的原因。
这酒有多么鲜红，把自己的存在，
压进了观看这酒的意识里。
如果我们渺小的心灵，出于某种方便，
把这杯酒，把这宇宙，分得很细——
物理、生物、地质、天文、心理，以及别的——
心灵还应记得：宇宙不知条分缕析。
因此我们应该把分开的再合起来，
还不要忘记，到最终，合起来是为什么。
合起来是为给我们最终的愉快：
别管条分缕析，把酒喝了吧！

——*Feynman Lectures on Physics*, pp. 3—10; *Six Easy Pieces*, p. 66

尽管我母亲对科学一无所知，她对我影响也很大。特别得说，她有一种奇妙的幽默感，我从她那里明白：最高形式的理解，是笑，是人类的同情。

——*What Do You Care What Other People Think?*, p. 19, *Classic Feynman*, p. 19

如果我在某个地方必须穿无尾晚礼服，我妻子就不相信我真会接受邀请去讲话。有好几次，我确实打了退堂鼓。

——*Omni* interview, February 1979

听说你认为这个节目很好，我很高兴，但非常叫人惊讶的，是我了解到我有一种“专业路数”。什么专业啊？电视戏子？哎呀，我知道的全部东西，都是我从导演那儿学来的。你说的“专业路数”，意思可能是说我那作派像是一个钢制的垃圾桶吧！

——Correspondence with Philip Daly (BBC), August 1964

谢谢你邀请我出席将于11月30日召开的“颜色、风味与统一会议”。因为你提到的年份是1975年，还要为我的机票付钱，我可否设想我们在通过《事业》杂志做一次穿越往昔的旅行呢？无论怎么说，我接受。

——Letter to Dr. Gordon Shaw, May 1979

[在画箭头的时候]这些箭头，名叫振幅，因此我或许会说振幅，而不说箭头。那仅仅是个词儿，我们可以随心所欲地用任何词儿，刘易斯·卡罗尔的书《爱丽丝梦游仙境》里就是这么说的！

——Esalen lecture, “Quantum Mechanical View of Reality (Part 2)”, October 1984

在这个星系里，有10^{11}颗恒星。人们原以为这个数不小。但是，其实却有一千亿颗。可那比美国赤字少！我们习惯于把它们叫作天文数字。如今我们应该称之为经济数字。

——*Feynman Lectures on Physics, Six Easy Pieces*

关于飞碟的报告，是已知的地球人智力的那些非理性的结果，而不是地球外的智慧的那种不为人知的努力的结果。我认为事情多半是如此。

——*The Character of Physical Law*, pp. 165—166

但你可以充分明白化学家们的难处，也可以充分明白名字为什么那么长。那不是因为化学家固执，那是因为要用词儿来描述这个事儿，他们有一个极端困难的问题。他们为什么不总是画画儿？我不知道。

——Audio recording of *Feynman Lectures on Physics*, Lecture 1, September 26, 1961

那有什么毛病呢？那是做事情的一种非同一般的方法啊：首先做一个大胆的猜测，然后检查。只你一个人检查。

——Audio recording of *Feynman Lectures on Physics*, Lecture 8, October 20, 1961

每个来听科学讲座的人都知道，他们不是去理解它，而可能是讲话的人有一条花里胡哨的领带，真好看。你们不是这样哈！

——*QED: The Strange Theory of Light and Matter*, p. 9

除非你清楚地知道你要谈什么，而且大体知道你会怎么说，否则你就永远不要打算开报告会。

——Notes; *Pleasure of Finding Things Out*, p. 216

对那些需要证据来证明物理学家是人类的人而言，证据存在于这么一种蠢行中：他们用那么多不同的单位来测量能量。

—— *The Character of Physical Law*, p. 75

如果我们抬头看天：对许多古人而言，天显得像是一个穹顶的表面，上面有一些光点。天倒可能是一个壳子上面有许多光点，这个看法并不一目了然地发疯。直到出现大量的天文学观察结果，才有了这个想法：我们看错了。

—— Audio recording of lecture on relativity,
Douglas Advanced Research Laboratory, 1967

理论物理学最大、最重要的工具之一，是废纸篓。

—— *The Pleasure of Finding Things Out*, p. 234

我彻底吃了一惊，当时他说："我本想告诉你，你得了奖。""得奖？"我说，"得了热狗啊！"你明白吧？因此他说："听到一位严肃的科学家那么说话，热狗哈，很有趣。"我说："听着，你打电话给任何严肃的科学家，说他得了15000美元，他会提到热狗。"

—— Interview with Charles Weiner, June 28, 1966
(Niels Bohr Library and Archives with the Center for the History of Physics)

当然，广播跟空气没什么牵扯。没有空气，你照样可以广播。

—— Audio recording of *Feynman Lectures on Physics*, Lecture 2, September 29, 1961

全部这些粒子在云室里其实是鸡爪子痕。

——Audio recording of *Feynman Lectures on Physics,* Lecture 2, September 29, 1961, Q&A

如果你在这里看不到引力作用，你就没有灵魂！

——Audio recording of *Feynman Lectures on Physics,* Lecture 7, October 17, 1961

古希腊人不知怎么把自己搞糊涂了——当然，他们得到了一些非常能使人糊涂的古希腊人的帮助。

——Audio recording of *Feynman Lectures on Physics,* Lecture 8, October 20, 1961

我是一个十足的俗人，所以我告诉你滚到地狱去吧。

——Letter to Tord Pramberg, January 1967, regarding photos in a physics book of Feynman drumming (*Perfectly Reasonable Deviations from the Beaten Track*, p. 230)

我一直在思考如何教育那些搞宇宙学的人，（1）还能在1969年4月1日写给你第25章的稿子；（2）还能对着一台磁带录音机说话，你可以从这一堆乱说中扒拉出东西；（3）希望你别再烦我，你个龟儿子。出于前两项，向你致以最好的祝愿。

——Letter to Allan Sandage, February 1969

我来到东部，东部落后，我总有这个印象。我们在西部，如果屋子里这么热，我们会安装空调。

——“Current Algebras and Strong Interactions”, 1967

[在麦克风失灵之后]现在，我预言：下次我得到这种麦克风的概率，是非常低的！

——“QED: Fits of Reflection and Transmission”, Sir Douglas Robb Lectures, University of Auckland, 1979

在你努力工作的时候，有一些时候，你会这么想：“我到底是发现了那在数学上是前后矛盾的！”但你很快就发现了自己的错误，正如我最终也发现了。

—— *Feynman's Tips on Physics*, p. 63

[在记者招待会上，站在三个麦克风前]为什么是三个麦克风？这很荒谬啊。如果你们需要三个，为什么不从一个麦克风里引出三根线？

—— Press conference, April 23, 1963

我得到了这些恭维，你们得到的全部东西，是类似这种说法，“没有傻瓜评论家问你不着边际的问题”之类。大多数人（即便从事这一行）也少有人知道那其实是怎么办成的。他们全都相信我不得不制造的那个幻觉，是我张着嘴，说话一小时。像全部真正的艺术一样，艺术家消失了，那看上去自然而奇妙。

—— Correspondence with Christopher Sykes (BBC), March 1983

我的工作日程是非常新的，我一定不要延迟阅读别人的理论；那东西或许真的有趣，那样我就去寻思其他事儿。

——*Perfectly Reasonable Deviations from the Beaten Track*, p. 317—318

有一个事儿，我认为理论物理学家应该引以为耻：你寻思有多少钱投进了这些实验和大型设备的时候，我们却坐着嘟囔一个漂亮的理论，却不能计算任何数字！我想，我们不应该拿薪水，或许薪水倒是应该提一提——我们会做得更快啊！

——“QED: New Queries”，Sir Douglas Robb Lectures, University of Auckland, 1979

在每个领域中，都有几类人，我能与之很好地交谈，一如我能与一位好科学家那样交谈。

——Interview with Yorkshire Television program, “Take the World from Another Point of View”，1972

如果你把更多的钱给理论物理学，但假如那笔钱仅仅增加了盲从大腕的人数，那就没有任何好处。

——CERN talk, December 1965

因此在我身为教授的年月，我那德性很像是一个学生，甚至是大一的新生。在完全的法律意义上，别人真会把我错认成新生。

——Interview with Charles Weiner, June 27, 1966 (Niels Bohr Library and Archives with the Center for the History of Physics)

如果医生说，“这个伙计长了个包，鼓出来，”你就采取点措施。但他说，“他有点倔驴，”你就怵于问问题。令人莞尔。

——Interview with Charles Weiner, June 28, 1966
(Niels Bohr Library and Archives with the Center for the History of Physics)

哈，不幸的是，你知道我一直不赶时髦。部分子[1]这个事儿有多么成功啊，我就变时髦了。我必须找到某种不时髦的事情去做。

——Interview with Charles Weiner, February 4, 1973
(Niels Bohr Library and Archives with the Center for the History of Physics)

这种会议比罗夏墨迹测试更糟糕：有了一片没有意思的墨迹，另一些人就问你，你看到了什么，但等你告诉他们，他们就开始跟你吵闹！

—— *Surely You're Joking, Mr. Feynman*!, p. 283, *Classic Feynman*, p. 264

[给一位粉丝回信]我如今是独一无二的——一个有人爱慕的物理学家，而爱慕者还只在电视上看到他，就爱上了他。谢谢你啊，粉丝！现在我拥有任何人欲求的一切。我不再需要嫉妒电影明星。[签名：你的被粉（你随便称呼——这事儿对我是全新的），理查德·费曼]

——Letter to Ilene Ungerleider, August 1975
(*Perfectly Reasonable Deviations from the Beaten Track*, p. 286)

---

[1] 部分子模型，是费曼和詹姆斯·布约肯（James Bjorken）在20世纪60年代提出的，用来处理强子对撞机的发现。

我就是喜欢老鼠的那种味儿，因为那是一种催人奋进的臭味。

——*Perfectly Reasonable Deviations from the Beaten Track*, p. 402

因此我为自己发明了另一种神话：我没有责任感。我有高度的不负责任感。我逢人便说我无所事事。如果有人让我去参加一个委员会，去管招生工作，“拉倒吧，我没有责任感。我才懒得管学生的闲事儿”。当然，我非常重视学生，但我知道闲事儿有别人去管。

——Interview with Yorkshire Television program, “Take the World from Another Point of View”,1972

亲朋好友、邻里乡亲以你为荣，那很爽啊。然而，我发现，得奖总带来一些陷阱和障碍。我必须到瑞典领一个奖，还必须在早晨七点起床去领另一个奖。

——Chamber of Commerce Outstanding Citizen Award acceptance speech

这是一个惊人的观念——你应该做一些细致的实验，不要做深刻的哲学论证，而要发现某种东西。

——Audio recording of *Feynman Lectures on Physics*, Lecture 7, October 17, 1961

我因此就没太多的要说了，但我反正会讲得很长。

——Programme of American Physical Society Annual Meeting, 1950

世界上当然也有许多你解释不了的现象，那仅仅是因为大家都蠢嘛。我们都干傻事儿，我们知道有人干的傻事儿比其他人多；但是，要核实谁干的傻事儿最多，那是没什么用处的。

——"The Unscientific Age", John Danz Lecture Series, 1963
(*The Meaning of It All*, p. 95)

[给粉丝回信]你做了事儿，大家喜欢，他们来了信，你读起来感觉良好，这个自鸣得意的劲儿，通常能持续到午饭之前。

——Letter to J. S. Paxton, January 1982

例如，近来年轻人有这种荒谬劲儿，翻来覆去地唱紫色的食人族，唱猎狗；这类事儿，如果我们属于粗俗的三八婆，属于翠莲和翠花，或者喜欢音乐迂回婉转，我们就完全不能批评。妈妈的儿子们唱"来吧，约瑟芬，请上我的大飞机，"那听起来就像"我将把你送上一条到中国的慢船"一样摩登。因此，在生活中，在嬉闹中，在感情中，在人类的愉快与追求中，也在文学中，等等，没什么必要讲科学，没什么理由讲科学。你必须放松，你必须享受生活。

——"The Unscientific Age", John Danz Lecture Series, 1963
(*The Meaning of It All*, p. 64)

事儿真怪，有人叫我在一个正式的场面上打邦戈小手鼓，报幕员似乎总觉得有必要提提我也搞理论物理。

——*Character of Physical Law*, p. 13

Love
爱情

米歇尔·费曼与卡尔·费曼提供照片

有必要与一个理论共浴爱河，正如与一个女子如胶似漆，只在你还不完全了解她的时候，那才是可能的。

——CERN talk, December 1965

不论金发美女还是金发丑女，反正还没有跟我结婚的，因此我仍然在研究物理。

——Letter to Dr. Ted A. Welton, October 1948

我坐在游泳池边，有个女子一头扎进水里，但她不很漂亮，我就能思考其他事情，我思考波，也思考在水里构成的东西。

——BBC “Fun to Imagine” television series, 1983

有些其他事情，科学方法或许也用得上；那种事情完全是明显的，但讨论起来却越来越难——例如做决定那种事。我的意思不是说事情应该用科学方式来做，就像在美国，兰德公司的人坐下来，搞些数学计算。那仅仅让我想起我上大二时的日子，我们讨论我们发现的女人，如果用的是电学术语——阻抗、磁阻、电阻——我们对情况就有了较深的理解。

——Galileo Symposium, “What Is and What Should Be the Role of Scientific Culture in Modern Society”, September 1964

[谈他最骄傲的事情]我爱我的第一个妻子，我能爱得多深，就有多深。

——*The Los Angeles Times*, February 16, 1988

女人的脑子擅长理解解析几何。与女人的大脑进行交流，难处或许仅仅是我们还没有找到一个方法。如果方法对路，你或许能够有所得。

—— *The Pleasure of Finding Things Out*, p. 176

我妈教育我，说我必须先下公共汽车，然后帮她（女朋友）下车，以及全部此类事情，我就发愁了：我说什么呢？我仍然记得我们说了什么。话是很蠢的，因为你知道那是我第一次的经历。她问我，弹钢琴吗，我告诉她，我想学，我以前上过钢琴课，时间很短。在我大些后——在漫长地度过了若干个月之后，我只能弹名叫“雏菊之舞”那种东西，或者仙女之类，这在我看来似乎不足夸耀，因此我就不弹钢琴了。我们谈这谈那。后来，在我们道别的时候，她说：“谢谢你，给了我一个可爱的晚上。”这给我印象很深。我太高兴了。然后我发现，在我第二次约会的时候，那个女孩说：“谢谢你，给了我一个可爱的晚上。”第三次约会，在我们说再见的时候，就在门口，我对她说：“谢谢你，给了我一个可爱的晚上。”她就僵住了，一句话说不出，因为那是她想说的话。因此，我从实践中很快学会了礼仪，你懂的。

—— Interview with Charles Weiner, March 4, 1966
(Niels Bohr Library and Archives with the Center for the History of Physics)

我到了那儿，被女孩吓呆了。我记得我不得不去发一个邮件。社交风度如何养成，是有趣的。在我不得不去把邮件从楼上拿下来的时候，碰巧遇到高年级学生带着几个女朋友，俩女朋友，就坐在台阶上聊天，怎么带着那些信从他们面前走过，我干脆不知道了。女孩们吓唬我。事情整个叫我害怕。

——Interview with Charles Weiner, March 5, 1966
(Niels Bohr Library and Archives with the Center for the History of Physics)

［谈他的第一个妻子］此事或许人人都能遇到，但我遇到了，就横竖显得独一无二，也好像仅仅是我个人的事。她的温柔和与众不同的世界观——她还是一个艺术家——知道什么有价值，什么美，等等，那都是一些我通常没有直接兴趣的东西——在某种程度上，我对人文学科缺乏兴趣。但因为她对这些东西有兴趣，而我们之间发展出了爱情，我就对这些东西更多地注意，也温和起来。由于我和她的关系，由于我听她的想法，我变成了一个更好的伙计。

——Interview with Charles Weiner, March 5, 1966
(Niels Bohr Library and Archives with the Center for the History of Physics)

Philosophy and Religion
哲学与宗教

在加州理工学院讨论日讲课，1978年5月
加州理工学院提供照片

关于科学绝对必要的条件，哲学家们说了很多；就我们能明白的而言，那些话总是很天真，也多半是错的。

——*Feynman Lectures on Physics*, pp. 2—7; *Six Easy Pieces*, p. 35

科学以其知识创造一种力量，一种做事情的力量：在你知道了某种科学的东西之后，你就能做事。但科学并不为这种力量提供指导，以便知道如何做好事，而不做坏事。

——Galileo Symposium, "What Is and What Should Be the Role of Scientific Culture in Modern Society", September 1964

人们是否会理解所谓客观意识或者个人良心，这个问题许多人都思考过。

——UC Berkeley Lectures, "Time and Physics in Evolutionary History", spring 1968

不必有形而上学的理论，也不必相信某些观念，如基督复活之类。我们如何维持激励人心的力量？为了相信你应该帮助邻居，己所欲，施于人，为了像一个基督徒那样生活，难道非有必要相信基督复活吗？

——*Perfectly Reasonable Deviations from the Beaten Track*, p. 428

然而，与能够证实的相比，能为人知的真相是多得太多了。

——From *Nobel Lectures, Physics 1963—1970*,
Elsevier Publishing Company, Amsterdam, 1972

这个令人想入非非的奇妙宇宙，这个浩瀚的时间与空间范围，各种不同的动物，全部不同的行星，以及全部的这些原子及其运动，等等，在我看来，全部这些复杂的东西，仅仅是一个戏台，神可以看着人类为善恶而斗争——宗教就有这样的观点。为这个戏文，这个戏台是太大了。

——*Perfectly Reasonable Deviations from the Beaten Track*, p. 426

我要说，物理学家的世界观，并不侵蚀生物学、宗教或者其他任何东西的任何假定。

——UC Berkeley Lectures, "Time and Physics in Evolutionary History", spring 1968

你不可能精确地定义任何东西。如果我们试图那么做，我们就堕入思想的麻痹症，哲学家们就有这种麻痹症，他们相对而坐，一个对另一个说："你不知道你在谈什么！"第二个就说："你说的知道，是什么意思？你说的谈，是什么意思？你说的你，是什么意思？"如此等等。

——*Feynman Lectures on Physics*, Lecture 8, October 20, 1961

我确实无意于坚持说伦理学和科学是分离的，但我倒是可以说伦理学的基础必须以非科学的方式得到选择。那么，当基础得到了选择，科学当然可以帮忙断定我们应不应该做某些事情。科学可以帮我们看明白，如果我们做那些事，可能发生什么，但我们是否想要某事发生，这个问题依赖于对伦理学终极善的一种选择。

——Letter to Professor Lawrence Cranberg, March 1965

但现实却是假与恶可以像善那样轻易地教给别人。

—— "The Uncertainty of Values", John Danz Lecture Series, 1963
(*The Meaning of It All*, p. 31)

为善或者为恶，和平都是一种伟大的力量。和平怎么会为恶，我不知道；如果我们总是和平，我们会看到。

—— "The Uncertainty of Values", John Danz Lecture Series, 1963
(*The Meaning of It All*, p. 32)

科学家是探索者，哲学家是旅行家。

——*No Ordinary Genius*, p. 260

一个观念的支持者，看着另一个观念的信奉者的行为，不胜惊恐。惊恐是因为从一种不相谋和的观点来看，种族的那些全部伟大的潜能，都被导入一条虚假而禁闭的死胡同里。其实，巨怪是被错误信念创造出来的，正是从巨怪的历史来看，哲学家们才终于意识到人类的那些怪诞的潜能和奇妙的本领。

—— "The Uncertainty of Values", John Danz Lecture Series, 1963
(*The Meaning of It All*, p. 33)

回顾那些最坏的时代，事情似乎总是这样：在那些时代里，关于某种事情，有一些人相信绝对的信念和绝对的教条。他们对这事情太严肃了，就坚持世界的其余部分应该同意他们。

——“The Uncertainty of Values”, John Danz Lecture Series, 1963
(*The Meaning of It All*, p. 33)

我说，我们不知道生活的意义，不知道什么是正确的道德价值，我们没有选择正确的道德价值的方法。

——“The Uncertainty of Values”, John Danz Lecture Series, 1963
(*The Meaning of It All*, p. 34)

生存至上的原则是毫无疑问的吗？所有人都同意的吗？我努力想做的一切，是在这种原则之中撒下一些怀疑，怀疑这个原则有些糊涂。如果你能看到此类怀疑或许是存在的，那么谁将为科学消除怀疑？

——Letter to Professor Lawrence Cranberg, March 1965
(*Perfectly Reasonable Deviations from the Beaten Track*, p. 150)

好吧，那么词汇怎么样呢？我们的词过分多了吧？不多，不多。我们需要词表达观念。我们的词过分少了吧？不少。有缘巧合，在时间的长河里，我们碰巧搞出了完美的构词法。

——“The Unscientific Age”, John Danz Lecture Series, 1963
(*The Meaning of It All*, p. 116)

道德价值和伦理判断这个难题，是科学不得其门而入的难题。

——“The Unscientific Age”, John Danz Lecture Series, 1963
(*The Meaning of It All*, p. 120)

要看到慷慨，你就必须足够慷慨，慷慨得看不到吝啬；在一个人那里只看到吝啬，你一定足够吝啬，吝啬得看不到慷慨。

——Letter to Reverend John Alex and Mrs. Marjorie Howard, December 1965
(*Perfectly Reasonable Deviations from the Beaten Track*, p. 184)

你在努力发现关于它更多的东西，因为你将得到关于某个深刻的哲学问题的一个答案；如果你这么想，你或许就错了。事情可能是这样：凭借发现自然特征的更多的东西，你甚至找不到那个特殊问题的答案。我的科学兴趣，仅仅是发现关于这个世界的东西。

——*The Pleasure of Finding Things Out*, p. 23

我不希望接受美国哲学学会的会员资格。我的理由完全是个人的，无论如何不反映我对这个学会的看法。恰恰相反，我觉得那是一个蛮好的组织。

——Letter to George W. Corner and the American Philosophical Society, July 1968

那么，大千世界的意义到底是什么？我们今天能说些什么，以消除存在的神秘？

—— "The Uncertainty of Values", John Danz Lecture Series, 1963
(*The Meaning of It All*, p. 33)

科学不能证明上帝不存在，我同意。我绝对同意。既信科学，也信宗教，这并不矛盾，我也同意。我知道许多科学家信神。证明什么事情是虚妄的，不是我的目的。

——“The Uncertainty of Values”, John Danz Lecture Series, 1963
(*The Meaning of It All*, p. 36)

在我看来，事情似乎是这样：在伦理道德观和关于宇宙的机械论之间，存在一种彼此独立的情况。

——“The Uncertainty of Values”, John Danz Lecture Series, 1963
(*The Meaning of It All*, p. 41)

因为少量知识是危险的，年轻人只学一点科学，就以为自己知道科学的全部。

——“The Uncertainty of Values”, John Danz Lecture Series, 1963
(*The Meaning of It All*, p. 36)

宗教的形而上学方面，似乎与道德价值毫无关系，道德价值不知怎么似乎在科学领域之外。

——“The Uncertainty of Values”, John Danz Lecture Series, 1963
(*The Meaning of It All*, p. 43)

人们，全部时代的哲学家们，想找到存在的秘密、存在的意义。因为如果他们能发现生活的真正意义，那么人类的全部这些努力，人类全部的这种神奇的潜能，就能转入正确的方向，我们就会阔步前进，取得很大的成功。但是，整个世界、人生和人类等等的意义这个问题，许多人回答了许多次。不幸的是，全部答案都不同，有某种答案的那些人，被有另外一种答案的那些人的行为作派吓得目瞪口呆。

——Galileo Symposium, “What Is and What Should Be the Role of Scientific Culture in Modern Society”, September 1964

我们不知道存在的意义。基于对我们以前有的全部观点的研究结果，我们说我们不知道存在的意义；但是，在说我们不知道存在的意义的时候，我们多半发现了开放的渠道。

——Galileo Symposium, “What Is and What Should Be the Role of Scientific Culture in Modern Society”, September 1964

科学是什么？并非哲学家们说过的那样。

——National Science Teachers Association Fourteenth Convention lecture, “What Is Science?”, April 1966

在宗教中，他们教道德教训，教了不是仅仅一次——你反反复复得到启发。我认为，以几种方式，你反反复复得到启发，为孩子们，为成年人，为其他每个人，记住科学的价值，是必要的。

——National Science Teachers Association Fourteenth Convention lecture, “What Is Science?”, April 1966

人生止于坟墓，死时即为终结。

——National Science Teachers Association Fourteenth Convention lecture, “What Is Science?”, April 1966

现在，我们知道，即便有了理所当然的道德价值，人类也很虚弱；你必须时时提醒他们道德价值，他们才可能听从良心。仅仅有一种不错的良心，事情不是这么简单；问题也在于不屈不挠地实行你知道是正确的事。宗教提供力量、安慰与灵气，以便服从这些道德观。此乃宗教鼓舞人心的方面。宗教不仅为道德行为提供灵气——它也为艺术以及全部种类的伟大思想和行动提供灵气。

——“The Relation of Science and Religion”, May 1956

沉思超越人类的宇宙；把人撇开，思考宇宙的意义，此乃壮举——因为宇宙漫长历史的大部分，一如其大多数地方，本来无人。这种客观观点最终一俟达成，物质的神秘与庄严则可为人赏识，然后把这种客观的眼光转回人自身，视其为物质，把生命视为具有最大深度的那个宇宙神秘的一部分，这就会领悟到一种体验，前人很少提及的。如此遐思，通常在大笑中停止，苦思苦想，徒劳无功，不禁令人莞尔。科学的这些思想，止于敬畏与神秘，迷失于不确定的边缘，但显得如此深远、如此感人，那么说宇宙的全部编排只为做上帝的戏台，让上帝观看人类为善恶的斗争，这个说法就似乎不恰当了。

——“The Relation of Science and Religion”, May 1956

尽管我时不时地相信所发现的科学证据或许能够部分地被解释为提供某种证据，以证明基督生活的某个特殊方面，比方说，或许也能证明其他一些宗教的形而上学观念；但是，在我看来，没有什么科学证据与道德的金科玉律有牵扯。在我看来，道德是有些不同的。

——“The Relation of Science and Religion”, May 1956

在我看来，西方文明依凭两个伟大的衣钵而立世。一个是科学的冒险精神——冒险涉足未知之域；未知之域必须被认作未知，那才需要探索。宇宙的神秘问题不可回答，那就不要胡乱回答。一切都不确定，这种态度，一言以蔽之——就是理智的谦卑。另一个伟大的衣钵是基督教的道德，基于爱的行为基础，对全人类的兄弟情义，对个体价值的承认——这就是精神的谦卑。这两个衣钵在逻辑上是完全一致的。但逻辑不是全部；信从一个观念，你需要一份人心。

——“The Relation of Science and Religion”, May 1956

诺依曼给我的一件东西，是他的一个想法，那想法很有趣。那就是，你不必对你身在其中的这个世界负责，因此我就培养了一种高度的社会不负责任感。这是诺依曼劝我的结果。从此以后，这让我成了一个非常快乐的人。

——UCSB talk, “Los Alamos from Below”, February 1975

为了赏识自然，不确定是必要的；不确定，不容易与对信念的确定感联系在一起；对信念的确定感，通常与深刻的宗教信仰联系在一起。

——“The Uncertainty of Values”, John Danz Lecture Series, 1963
(*The Meaning of It All*, p. 43)

你知道，在这个方面，或者在那个方面，大多数人是坏的——但是，他们不总是坏，他们也有另外一些好的方面，将功补过。

——Correspondence with Mimi Phillips,
published in the *Wheeling News Register*, October 5, 1958

13岁那年，我不仅改信了其他的宗教观点，我也停止相信犹太人是“上帝的子民”。

——Letter to Tina Levitan, February 1967
(*Perfectly Reasonable Deviations from the Beaten Track*, p. 236)

我们这里的人，都是来了的，我猜是这样；但是，我看到某人，他不在这里——你喜欢这说法吗?可那是一个古老的哲学问题啊，是吧，你能否看到一个不在这里的人?我记得我在普林斯顿和研究生们几个小时、几个小时地争论——他们是学哲学的学生，当你说冰箱里没有鸡，你在谈什么?我跟哲学家们不牵扯，理由在此。

——Esalen lecture, “Quantum Mechanical View of Reality (Part 1)”, October 1984

在我看来，科学一直在进步，总在变化，并且走向未知之域；宗教找到一套观念，保证不与科学陷入冲突，是不可能的。我们不知道如何回答这些问题；找到一个答案，总也不可能发现它是错误的，此事不可能。困难出来了，因为科学和宗教都试图在这里回答同一个领域的问题。

—— “The Relation of Science and Religion”, May 1956

因此，我常常玩味：在政府中的工作，与正直有什么关系吗？

—— *What Do You Care What Other People Think？*，p. 218, *Classic Feynman*, p. 463

有一件事，使我不再有胃口来容纳哲学问题和政治问题。原因之一，是我明白了——我比以往更坚定地避之唯恐不及。我甚至不讨论哲学和政治。我不知道为什么。

—— Interview with Charles Weiner, June 28, 1966
(Niels Bohr Library and Archives with the Center for the History of Physics)

"我们为什么如此倒霉？上帝对我们干了什么啊？摊上这事儿，我们招谁惹谁了？"干吗说这些叫你自己不痛快呢。如果你理解现实，并把现实纳入你的内心，那些事儿就无关紧要，也无可奈何。那仅仅是一些没有任何人知道的事情。你的境况，仅仅是生活的一个事故。

—— *What Do You Care What Other People Think?*, p. 51;
Classic Feynman, pp. 116—117

在这个专业分工的年月，那些完全明白某个领域的人，常常无能于讨论另一个领域。因此，人类活动的这个方面和另一个方面之间的关系，这个大问题在公共场所讨论得越来越少了。当我们回顾以往关于这些主题的大争论，我们会嫉妒那些时代，因为我们应该喜欢这种争论的那种兴奋状态。这些老问题，如科学和宗教的关系，仍然和我们有关系，我相信目前那些窘境一如既往，但常常得不到公开讨论，因为有专业化的限制。

——“The Relation of Science and Religion”, *Engineering and Science* (*The Pleasure of Finding Things Out*)

米歇尔 · 费曼与卡尔 · 费曼提供照片

你问，我们会有进展吗？这叫我想起一个场合，那时我问了同样的问题。我在撬一个保险柜。有人问我："怎么样？你有进展吗？"你开了，你才有话说。但是，你已经试了很多数字，你才知道那都不管用。

——Panel discussion, particle physics conference, Irvine, California, 1971

［谈物理学与其他科学的关系］无论怎么说，你看到各门科学全都互相联系；若非出于方便，就不值得以不同的名称称呼之。

——Audio recording of *Feynman Lectures on Physics*, Lecture 3, October 3, 1961, Q&A

从研究爱因斯坦和玻尔，今天的物理学家都知道，有时候一个观念乍看起来完全荒谬，如果无微不至地在实验条件下分析彻底，它或许其实并不荒谬。

——*From Nobel Lectures, Physics 1963—1970*, Elsevier Publishing Company, Amsterdam, 1972

我熟悉许多实验物理学家，他们是那种朴素之人。因此，我总是疑心，有朝一日，我会远离理论家，走近实验家的机器，他们将得到一个点子，来做一个新实验——一个验证某个奇迹的实验。他们将看到会发生什么事情，仅仅为了乐趣嘛；如果他们虚假地报告说，在某个曲线上存在某个凸起，或者存在某个震荡，看看理论家们如何预言它。我太了解实验物理学家那些人了，打从我想到这个可能性的那一刻，我就一直真诚地担忧有朝一日他们真会那么做。你能够想象到理论物理学家那调子有多么荒谬，搞全部那些复杂的计算，来证明那么个凸起的存在，与此同时实验室的伙计们掩口而笑。为此理由，我发现我自己几乎无能于做那类计算，而大多数其他人能。我害怕实验家会让我自献其丑！

——Programme of American Physical Society Annual Meeting, 1950

在基本规律和最终现象之间，存在巨大的距离；令人难以置信的是，最终的现象多样性，居然出自简单规律的如此稳定的作用。

——Interview with Yorkshire Television program,
"Take the World from Another Point of View", 1972

科学知识使我们能做各种各样的事情，能制造各种各样的东西。当然，如果我们制造好东西，那就不仅符合科学的荣誉，也配得上引导我们做好事的道德选择。科学知识是一种赋予人能力的力量，既能行善，也能作恶——但它本身不带指令，不告诉我们如何使用它。

——*The Pleasure of Finding Things Out*, p. 142

我们喜欢说外在世界是真实的，或者我们能够测量的东西是真实的；如果你看得长久一些，你意识到唯一真实的东西，是你所感觉的，是你所测量的，是你如何感觉那个；外在世界很容易变成大脑的一个幻象。

——UC Berkeley Lectures, "Time and Physics in Evolutionary History", spring 1968

一场科学争论，趋向于涉及双方大量的嘲笑和不确定，双方都设计实验，都愿意为结果打赌。

——"The Uncertainty of Science", John Danz Lecture Series, 1963 (*The Meaning of It All*, pp. 21—22)

此乃现代社会的有利条件之一：我们不必对付这些困难的技术难题了。

——Audio recording of lecture on relativity, Douglas Advanced Research Laboratory, 1967

但是，在生物学中还没有发现什么东西，表明死亡不可避免。

——*The Pleasure of Finding Things Out*, p. 100

现在你可以明白，有人叫我去讲话，我为什么觉得有点不舒服："请告诉我们最新的东西。"当然，因为当时我正在谈我们在理解质子内部的那些难题！因此，一直谈论我们所知不多的东西；我们事事都知道的东西，没有人问我；为什么我对此感到不舒服，你该多少明白了！

——"QED: Photons—Corpuscles of Light", The Sir Douglas Robb Lectures, University of Auckland, June 1979

在科学中，在我熟悉的那个领域中，取得真正的成功的不二法门，是非常仔细地描述证据，别在乎你觉得它应该是怎么样的。如果你有一个理论，你必须努力解释它的好处和坏处，并不偏向。在科学中，你能学会一种标准的正直与诚实。

——*What Do You Care What Other People Think?*, pp. 117—118, *Classic Feynman*, p. 462

你说，物理老师的麻烦，是他们不像这样解释量子力学：说粒子的行为像波，或者粒子的行为像台球，或者粒子的行为像——我不知道像什么。你明白，粒子的行为不像你知道的任何东西。因此，除非用分析方法，要描述这种东西是不可能的。

——Audio recording of *Feynman Lectures on Physics,* Lecture 2, September 29, 1961

像往常一样，自然的想象力远远超过我们自己的想象力，正如我们从那些微妙而深刻的理论看到的那样。得到如此微妙而深刻的猜测，可不那么容易。你必须真正聪明地去猜，用机器盲目地去猜是不可能的。

——*The Character of Physical Law*, p. 162

是哈，这个，你用灯照亮一个角落；光跑进那个角落，那就令人兴奋；但是，如果光被墙挡住了，那就没有用了——你必须另找出路，对吧？

——Interview with Charles Weiner, February 4, 1966
(Niels Bohr Library and Archives with the Center for the History of Physics)

物理学不是数学，数学不是物理学。它们互相帮助。但是，在物理学中，你必须对词和真实世界的联系有一种理解。最终把你琢磨出的东西翻译成英语，翻译成世界，翻译成你做实验用的铜和玻璃块，这是必要的。唯其如此你才能发现这些推论是不是真的。

——*The Character of Physical Law*, p. 55

[科学]的这种力量，自身不带指令，不告诉你如何使用它，是用它行善或者用它作恶。这种力量的结果，或善或恶，依赖于如何使用它。

——“The Uncertainty of Science”, John Danz Lecture Series, 1963
(*The Meaning of It All*, p. 5)

一般而言，我们寻找一个新规律，是遵照如下程序：首先，我们猜测它。然后，我们假设我们猜的这个规律是对的，就看看有什么寓意。然后，我们拿这个推断的结果与自然对比，与实验或经验对比。直接拿它和观察对比，看看它是否管用。如果它与实验不符合，它就错了。你猜得有多么漂亮，那无关紧要。你有多么聪明，谁做的那个猜测，他名字叫什么，都无关紧要——如果它和实验不相符，它就错了。

——*The Character of Physical Law*, p. 156

数学家四面八方地探索，物理学家快快抓住他需要的数学，而不必紧跟步调，不必掌握每一种想必有用的数学。

——*Omni* interview, February 1979

我们试图尽可能快地证明我们自己错了，因为唯其如此我们才能取得进步。

——*The Character of Physical Law*, p. 158

发现物理学规律，宛如把拼图游戏的那些碎块摆在一起。我们有全部这些不同的碎块，今天碎块迅速增加。其中的许多四零八散，不能拼在一起。我们怎么知道它们是属于一块的？我们怎么知道它们确实都是一幅画面的一部分？我们拿不准，事情就在一定程度上让我们着急；但是，我们从几个碎块的一般特征中得到了线索：它们都显示出蓝天，或者都是用同一类木头制造的。

——*The Character of Physical Law*, p. 83

“科学的存在本身”有什么必要？自然的特点是什么？这是不能用夸夸其谈的想当然来决定的，而是由我们用来研究的材料决定的，是自然本身决定的，我们看到我们发现的东西，我们不能提前就成功地说出事情将会是个什么样子。

——*The Character of Physical Law*, p. 147

如果科学要进步，我们需要的是做实验的能力，是报告结果的诚实——报告结果，不管某人说他们一直喜欢结果是怎样的——最后，一件重要的事情是解释那些结果所需要的智力。

——*The Character of Physical Law*, p. 148

我的反对派就说："飞碟存在，这不可能吗？你能证明那是不可能的吗？""不能。"我说，"我不能证明那是不可能的。那仅仅是非常不可能。"话到此处，他说："你很不科学啊。如果你不能证明那是不可能的，那么你怎么能说那不可能呢？"说什么是更可能的，什么是不大可能的，那才是科学嘛；一天到晚证明什么可能，什么不可能，那才不是科学。

——*The Character of Physical Law*, p. 165—166

这些观念含混不清，很难记住，你把它们收拾到一块儿，那就像——我有这么一个强烈的感觉——那就像建造纸牌屋，每个纸牌都摇摇晃晃，如果你照顾不到某一张牌，整个东西就崩溃了，你也莫名其妙不知道哪里出了乱子。如果你遭到干扰，如果你忘了那些牌是怎么勾连一处的（那些牌相当于一个观念的不同部分，或者不同的概念勾连一处以建造一个大概念），你就必须从头再来。那是一尊宝塔，它也易于滑落。它需要好多专心致志——需要不受打扰的时间来思考。

——*No Ordinary Genius*, p. 120

那是一种更深刻而温暖得多的理解，那意味着你能在某处挖掘一番，你暂时相信你在那里能挖到答案，有人过来说："你不知道他们在那儿碰到了什么吗?"你抬头说，"呀！我挖错地方了！"这号事儿，一直发生。

——Interview with *Omni* (*The Pleasure of Finding Things Out*, p. 200)

这个主意，是努力提供全部信息，来帮助别人判断其贡献的价值：那不仅仅是在某个特别方向上导致某种判断的那种信息。

——*The Pleasure of Finding Things Out*, p. 210

科学思维的一个原则，是彻底的诚实。

——Notes

科学的原则，那也几乎是科学的定义，是像这样：对全部知识的检验手段，是实验。实验是"证据"的唯一法官。

——Audio recording of *Feynman Lectures on Physics*, Lecture 1, September 26, 1961

在这一系列复杂的运动之物当中，你可以想象某种事情，那类似于试图观看诸神下的一盘大棋。你不知道这游戏的规则，但你可以做的全部事情是观棋。现在，如果你观察得足够长久，你当然最终可能抓到几条规则。这游戏的规则，就是我说的基础物理学那东西。

——Audio recording of *Feynman Lectures on Physics*, Lecture 2, September 29, 1961

如果他们告诉我们：某种确定的情况必定总是产生相同的结果，那善莫大焉。但是，等到我们也试一试，那个结果没有发生，再试还是没有发生。我们就只好认定眼见为实。

——Audio recording of *Feynman Lectures on Physics*, Lecture 2, September 29, 1961

因为科学是好的，姑且这么说吧，那并不意味着不是科学的东西就不好。

——Audio recording of *Feynman Lectures on Physics*, Lecture 3, October 3, 1961

有时候，精神分析不是科学：那是一种医学的行当，是巫医。关于什么让人得病，它有一种理论——一大些不同的精灵，这种和那种。姑且说巫医有一种理论，说这病是由一个精灵导致的，精灵从空气中来；那是真的，某种东西确实通过空气而来——但那是不同种类的精灵，比方说，通过在它头上摇晃一条蛇，驱不走它，但奎宁确实能治疟疾。因此，如果你生病了，我会建议你去找巫医，因为他是部落里最知道这种病的人；话说回来，那不是一种科学。

——Audio recording of *Feynman Lectures on Physics*, Lecture 3, October 3, 1961

单凭嘴说，炮制一个理论，是足够容易的。

——Audio recording of *Feynman Lectures on Physics*, Lecture 7, October 17, 1961, Q&A

我知道我很聪明，话不是那么说的。事情仅仅就是那样——您瞧，科学的事儿正确，是在理性的意义上正确。

——Interview with Charles Weiner, 1966, March 4, 1966
(Niels Bohr Library and Archives with the Center for the History of Physics)

是的，我总对关系、实际事儿感兴趣——这确实没什么了不起，除非有办法搞出点事儿。

——Interview with Charles Weiner, March 4, 1966
(Niels Bohr Library and Archives with the Center for the History of Physics)

你一定得知道，如果你知道怎么下棋，学会全部规则也很容易，但你仍然很难选择最佳走法，很难理解为什么象棋大师阿廖欣（Alekhine）那么走。因此，与此类似，只是在自然中事情更糟糕，我们或许能发现全部规则——其实，我们不知道全部规则，我们知道我们得不到全部规则——每当有某种事情类似于“出车”或者其他招数，我们还是不明白。

——Audio recording of *Feynman Lectures on Physics,* Lecture 2, September 29, 1961

因为有许多人觉得，做事的路数是要发现大腕们在鼓捣什么问题，然后自己也在那里研究。这不是那么好的想法。如果你自己不曾把问题想过，你可能追随了错误的东西。

——Interview with Charles Weiner, March 5, 1966
(Niels Bohr Library and Archives with the Center for the History of Physics)

如果那是物理学，那就有趣。瞧，样样事物，斗榫合缝。

——Interview with Charles Weiner, March 5, 1966
(Niels Bohr Library and Archives with the Center for the History of Physics)

但是，这个漂亮的实验，我仍然记得，在实验室里，是这样的。有一个环。你知道，其他实验——得动用仪器，用火花帽，用轮子，用各种各样的东西。墙上有个钩子；我说的是一个钉在墙上的钉子，还有一个金属环，金属造的环，一个无肢畸胎，随你怎么叫它，像个大洗衣机，一个大玩意儿。它说："挂在墙上，测量时间，根据形状计算时间，看看它们是否符合。"我喜欢那个。我觉得那事儿棒得邪乎。我没心没肺哈——我现在是努力回忆——我也喜欢其他实验，但那需要火花和全部其他文武场面，那是太容易了。动用全部那些设备，你能测量出引力的加速度。但是，觉得物理学如此之好，这意思不是你善加准备，然后能琢磨出东西，而是像一个挂在钩子上的脏乎乎的环子那样自然——那给我深刻的印象，我现在就有动力讲那种傻乎乎的东西，可是它照样办事啊。

——Interview with Charles Weiner, March 5, 1966
(Niels Bohr Library and Archives with the Center for the History of Physics)

这个情况，每当我们接近答案就总有这种情况，事情看起来太不应该如此简单了。我们必须理解那种简朴性，也理解为什么我们以为事情必定更复杂。不知道怎么的，我们的心灵太复杂了。

——Yorkshire Television interview,
"Take the World from Another Point of View", 1972

在强相互作用理论中，我有一个原则：如果某个理论太复杂，它就错了。

——Panel discussion, particle physics conference, Irvine, California, 1971

我丝毫也不悲观，那个答案最终会水落石出。你不可能失败。自然不能抵抗实验的不断渗透，那些猴子胡乱坐着看热闹，在它们的鼻子碰来碰去碰到那个答案之后，早晚会看到那是什么。

——Panel discussion, particle physics conference, Irvine, California, 1971

凭其优美和简朴，你认得出真相。

——*The Character of Physical Law*, p. 171

有些理论家不理解理论和实验的关系——他们全部的知识，其真正的来源和检验着落在哪儿呢?

——Letter to Dr. Blas Cabrera, September 1982
(*Perfectly Reasonable Deviations from the Beaten Track*, p. 349)

在科学中(与做买卖或任何其他行当不同)，我们都在一起工作，同舟共济，试图理解自然，我们学会了非常仔细地识别并表扬那些确实得到了有用的新观念的任何人。

——Letter to Dr. Rafael Dy-Liacco, June 1978
(*Perfectly Reasonable Deviations from the Beaten Track*, p. 321)

新观念总是令人心醉神迷，因为物理学家们希望发现自然是怎么运作的。按照已知规律，偏离期望的任何实验结果，立刻就吸引注意，因为我们或许发现了某种新东西。

——Letter to Mr. L. Dembart (*Los Angeles Times*), January 1986 (*Perfectly Reasonable Deviations from the Beaten Track*, p. 397)

我们的大部分难题是人造的，是属于这一类。

——Audio recording of lecture on relativity, Douglas Advanced Research Laboratory, 1967

事实上，工程师可能最好被定义为这么一种人：他们知道如何把能量从一个装置转移到另一个装置中。

——Audio recording of lecture on relativity, Douglas Advanced Research Laboratory, 1967

相对论的那些争论，错乱之处是你有两个观点。一个新手通常做的事情，是在做一个计算的时候，在这两个观点之间颠三倒四。

——Audio recording of lecture on relativity, Douglas Advanced Research Laboratory, 1967

理论物理学，即便它纯然着落在大家接受的基本原理之上，其预言能力也那么小，此事令人莞尔。

——Letter to Dr. Hans Bethe, June 1951

在我看来，如今没有什么科学有本事恰当地选人或判断人；因此，我怀疑大家知道任何聪明的方法。

——Letter to Mr. Douglas M. Fowle, September 1962 (*Perfectly Reasonable Deviations from the Beaten Track*, p. 135)

物理学家看心理学，凭着自己的习惯，试图建议发现某种简单的因素来研究，而不是要整个地研究人类的大脑。

——On human and animal eyesight, in a letter to Edwin H. Land (Polaroid Corporation), May 1966 (*Perfectly Reasonable Deviations from the Beaten Track*, p. 223)

越来越多的人发现基础物理学是一个比较无趣的课题。因此，它就被置于一种不完整的状态中，区区数人在如下这个问题的边缘上，工作得很慢：是引力大小10^{30}分之一的耦合常数的第三阶张量场，是什么东西？

——MIT centennial, "Talk of Our Times", December 1961

科学思维的目的，是在确定的实验环境中，预言什么事情会发生。

——Letter to F. Harrison Stamper, April 1962

过分精确，不总是个好主意。

——"The Uncertainty of Science", John Danz Lecture Series, 1963 (*The Meaning of It All*, p. 4)

科学的最明显的特征，是其应用价值，科学的一个结果是使你有能力做许多事。

——"The Uncertainty of Science", John Danz Lecture Series, 1963 (*The Meaning of It All*, p. 5)

但是，如果一个事情不是科学的，如果它不能受到观察的检验，这并不意味着它死定了、错误或者愚蠢。我们不打算争辩说，科学的就是好的，其他东西就是不好的。

——“The Uncertainty of Science”, John Danz Lecture Series, 1963
(*The Meaning of It All*, p. 16)

事出偶然，毕竟存在一些有待检验的规律，这个事实本身是一个奇迹；发现一个规律，如引力的平方反比定律，就是某种奇迹。

——“The Uncertainty of Science”, John Danz Lecture Series, 1963
(*The Meaning of It All*, p. 23)

科学不是一种专属的行当；科学完全是普遍的。

——“The Uncertainty of Science”, John Danz Lecture Series, 1963
(*The Meaning of It All*, p. 112)

在最近的200年，科学发展的速度一直在加快，我们现在达到了速度的极点。

——“The Unscientific Age”, John Danz Lecture Series, 1963
(*The Meaning of It All*, p. 62)

某事是不科学的，那并不坏；那是一种跟科学无关的事。

——“The Unscientific Age”, John Danz Lecture Series, 1963
(*The Meaning of It All*, p. 63)

与其他科学主题不同，关于时间的那些观念，还不存在一种面面俱到的发展。从常识来看，我们所知道的，远远多于我们所不知道的。人人知道时间无情地逝去，而科学家们在其全部的研究中所发现的东西，对这一神秘之事的知识增加得相对少。

——From notes for “About Time” program, 1957

科学问题趋向于分为两种：一种，理解我们发现的那种事物布局的起源；另一种，如果那种布局在确定环境中开始运作，理解事物会是怎么个德性。

——From notes for “About Time” program, 1957

这种彻底性，是一种优点，却常常遭到误解，此事有趣。某人说一个事儿是用科学办成的，此刻他的全部意思，是说那事儿办得彻底。

——“The Uncertainty of Science”, John Danz Lecture Series, 1963
(*The Meaning of It All*, p. 17)

假设伽利略在此，我们要让他看看今日世界，想取悦他，或者看看他会发现什么。我们会告诉他关于证据的那些问题，关于他发展起来的那些判断事物的方法。我们会指出，我们仍然一丝不苟地处于相同的传统中，我们一丝不苟地遵循这个传统——甚至会细说到搞数字测量，以及利用数据作为较好的工具之一，起码在物理学中是这样。我们会告诉他，各门科学已经得到发展，其颇为不错的方式，正是直接对他原创和发展起来的同一种精神的继续。因此，不再有巫师和鬼怪了。

——Galileo Symposium, “What Is and What Should Be the Role of Scientific Culture in Modern Society”, September 1964

现在，说占星术是对的，这说法可能是真的吧。如果你在金星处在合适角度的那一天去看牙医，好于在另外的日子去，这说法倒也可能是真的。法国卢尔德（Lourdes）地方的奇迹或许能治好你的病，这可能是真的。但是，如果那是真的，事情就必须得到调查。为什么？要改善和利用它啊。如果那是真的，那么我们或许就能发现星体确实影响生命；我们或许就能借助于统计学的、科学的研究，来判断这些证据，那也客观，也更细致，以此把这个体系搞得力量更大。

——Galileo Symposium, "What Is and What Should Be the Role of Scientific Culture in Modern Society", September 1964

科学是一个漫长的学习的历史，学习如何不愚弄我们自己。

——Quoted in K. C. Cole, The Universe and the Teacup: The Mathematics of Truth and Beauty, 1998

我相信我们必须攻击这些东西，我们不相信这些东西。我们攻击它，不用把人的头砍掉的那种方法，而用合情合理的讨论。

——Galileo Symposium, "What Is and What Should Be the Role of Scientific Culture in Modern Society", September 1964

要描述其他科学学科得到的那些经验现象，我完全相信物理学的世界观是合适的。

——UC Berkeley Lectures, "Time and Physics in Evolutionary History", spring 1968

在物理学中，我们恬然自得地相信：我们有一个理论，根据这个理论，如果你告诉我们初始条件，我们就能预言在将来会发生什么。

——UC Berkeley Lectures,
"Time and Physics in Evolutionary History", spring 1968

另外的理论和学科，有个东西，把过去叫作那个理论框架的基础部分。但是，物理学通常不要求研究过去，以便分析下面会发生什么事儿。

——UC Berkeley Lectures,
"Time and Physics in Evolutionary History", spring 1968

物理学和生物学有这种关系，我们谈了很多，我们描述生物界总是试图描述外在的东西。我们总是试图描述你，永远不描述我。

——UC Berkeley Lectures,
"Time and Physics in Evolutionary History", spring 1968

如果存在意识，那么我们就有大量问题，问意识是如何进化的，意识的范围有多大，意识在其他动物甚至整个自然世界中是如何分布的，等等。产生的问题多于答案。然而，我疑心，你们有很多人有某种感觉，觉得万事万物内在地就是真的，正如它在光天化日之下也是真的那样。

——UC Berkeley Lectures,
"Time and Physics in Evolutionary History", spring 1968

我们无意于确定地发现世界是怎么个样子，而仅仅想发现我们已经看到多远。

——Esalen lecture,
“Quantum Mechanical View of Reality (Part 1)”, October 1984

我们把这个假定束之高阁：在还没有做任何观察的时候，我们能够说“这是一种非此即彼的情况”。那么，我们就能继续直截了当地思考，那是我们知道的最有效的路子。

——Esalen lecture, “Quantum Mechanical View of Reality (Part 1)”, October 1984

科学就是那么个东西；发现的结果，值得借助于直接的新经验来再次检查之，而不必信任以前的种种经验。

——National Science Teachers Association Fourteenth Convention lecture,
“What Is Science?” April 1966

科学还有一种价值：它传授理性思维的价值，也传授自由思想的重要性；积极的结果来自怀疑，这个教训是真的。

——National Science Teachers Association Fourteenth Convention lecture,
“What Is Science?”, April 1966

通常我们发表东西，我们在专业刊物上发表的东西，是经过仔细打磨的结果，所有那些常规想法、旁门左道、心底的琢磨等，你都已经把它们剔除了。你并不描述你个人的冒险和观念的进展过程。参考资料是为首次思考这事儿的人准备的，不是为告诉你这事儿的人准备的，如此等等。

——CERN talk, December 1965

我认为，那可能是年轻人进步的原因。他们知道得不够多。因为当你知道得足够多的时候，你拥有的每个观念显然是不怎么好的。

——CERN talk, December 1965

他们做的全部事情，是他们在鼓捣物理世界，他们把它切成片，分析它。你这个伙计切的方式不同，无论你怎么切，你切的是同一段大腊肠，因此你应该看看这个大腊肠，不必看切的过程。

——CERN talk, December 1965

哎，喂，我走的这一趟，多么疯狂，多么奇妙，到头来一无所得。我解决不了无限自能量这个问题；它至今是无限的，正如在我开始研究之前它也是无限的。

——CERN talk, December 1965

我们拥有的这些理论中的每一个，似乎可能以许多不同方式写下来，也可能从许多不同的物理观点来看。

——CERN talk, December 1965

物理学规律是如此这般的这一种，但可以用另外一种方式来写，表面上不同，却是相同的，此事在我看来颇为神妙。仅仅为乐趣，我将提议——尽管我不得不再做思考，看看那是不是有道理——那是因为简单，那个简单的东西能够用两种不同方式描述，你却不知道你在描述同一个东西。然而，如果你对付一个复杂的东西，为了充分描述它，你也说了很多关于它的话，那就完全不可能有另外一种方式让它看起来是不同的。

——CERN talk, December 1965

当你从一些不同的物理观点来看事物的时候，如果你不把你的灵魂卖给其中的一个，那是我正在办的事儿，而是兼容并蓄，那么你就太伟大了。

——CERN talk, December 1965

你的理论实际上会是对的，人人研究的那个一般的东西会是对的，这个概率是很低的。但是，你，小男孩施密特，将是那个把事情琢磨透的伙计，这个概率并不小。

——CERN talk, December 1965

我们不盲从相同的时尚，那是很重要的。因为虽然百分之九十确信答案就在那儿，盖尔曼就在那儿研究，但如果答案不在那儿，如果人人都像他那么干，那会如何？

——CERN talk, December 1965

如果你拿定主意要检验一个理论，或者你想解释某个观点，你就应该决定发表它的任何结果。如果我们仅仅发表某种确定的结果，我们就把这种争论搞得太好看了。我们必须发表两种结果。

——“Cargo Cult Science”, Caltech commencement address, 1974

科学能够在世界上引起巨大的恐惧，尽管这是个事实，但科学还是有价值的，因为科学能创造出东西来。

——“The Value of Science”, December 1955

科学是一种方法：如何知道某事，什么是不知道的，事情在什么程度上可知（因为没有什么是绝对可知的），如何处理怀疑和不确定，证据的规则是什么，如何思考事情以便能做出判断，如何把真相从虚假中、从花招中甄别出来。这些当然是科学教学（尤其是物理教学）的一些重要的次级产品。

——“The Problem of Teaching Physics in Latin America”, 1963

到目前为止，物理学一直试图发现规律和常量，毋须问这些东西来自哪里；但我们或许正在接近这么一个地步：我们将被迫考虑历史。

——*Omni* interview, February 1979

由于你在物理学中变老了，你得到的教训是：我们能做的是自然的一个小小的部分。

——*Omni* interview, February 1979

我们有一个幻觉，好像我们能随心所欲地做任何实验。然而，我们都来自同一个进化着的宇宙，我们确实并不拥有任何“真正的”自由，因为我们遵守确定的规律，来自一个确定的过去。

——MIT conference, May 1981

也有这么一个可能性，你不理解，因为你有点给搞糊涂了。你确信你必定错误地解释了我的话或者其他类似的东西，你就走到岔路上去了。让我向你保证，大多数时候，关于我说的东西，你解释得确实很对，因为大自然真正的工作方式如此令人震惊，你甚至都不会相信是那样。

——“QED: Photons—Corpuscles of Light”,
The Sir Douglas Robb Lectures, University of Auckland, June 1979

科学——换句话说，纯科学——不可能繁荣，最多只能有意外的繁荣。

——Notes for talk on “Science in America”

以你脑袋里已经有的东西来解释新观念，那是很自然的；但是，全部这些概念互相摞在一起：此一概念用彼一概念来解释，彼一概念又用另外一个概念来解释，而这些概念都怎么来的，不同的人会大不相同。

——“It's as Simple as One, Two, Three” interview, December 1978

每次开会，在我看来事情总是这样：进展甚微。然而，如果你看比较长的一段时间，比方说几年吧，你就发现一种很大的进步，很难理解此事是怎么发生的，而同时在任何时刻都没有发生什么事。我认为那像是云彩改变了天空那种事情——云彩在这里逐渐散尽，却在那里集聚；如果你过会儿再看，天又不同了。

——Programme of American Physical Society Annual Meeting, 1950

如今人人明白：物理学几乎完全在实验科学家的手里。但是，我认为我们应该充分认识到理论应该是有预言价值的。

——Programme of American Physical Society Annual Meeting, 1950

如果你想检验现代理论的预言价值，你会发现它是很弱的。

——Programme of American Physical Society Annual Meeting, 1950

一种新粒子或新事实被发现了，此刻全部理论家就做两件事中的一件：不是拉帮结伙，就是树倒猢狲散。

——Programme of American Physical Society Annual Meeting, 1950

你应该卖力寻找一种“预料之中的”失败。我多半及时抛弃了我的偏见，否则下个月的一个实验就真能把我逮个正着。

——“The Present Situation in Quantum Electrodynamics”, Solvay conference, 1961

在南太平洋上，有一伙崇拜运输机的人。在第二次世界大战期间，他们看到飞机着陆，带来好多东西，他们希望现在仍然发生同样的事。因此，他们鼓捣一番，把地面搞得像是飞机跑道，在两边生了火，盖了一个木头房子，让一个人坐在里面，头上戴两块木头，像是耳机，竹子棍儿伸出来，像是天线——他是航空管制员。他们等着飞机降落。他们把样样事情都搞对了。样子是完美的，但就是不管用。因此，我把这些事儿叫作“野狐禅科学”，因为他们遵照的是科学研究全部表面的作派和形式，但他们漏掉了某种本质的东西。

——*U.S. News and World Report* interview, February 1985

发现新事物，这种科学进步，常常起于注意到对老理论的预测有些微偏离的情况；除非预测非常精确而细致，这事儿也办不成。

——“The Qualitative Behavior of Yang-Mills Theory in 2+1 Dimensions”, January 1981

如果你听说原子是一个小小的太阳系，原子核在中央，像个太阳，众行星绕着它，像电子，那么你就落到一九几几年了。

——“QED: Electrons and Their Interactions”, The Sir Douglas Robb Lectures, University of Auckland, June 1979

有些人发现科学那么有趣，其他人则发现它有些沉闷又困难。但孩子们，有些简直对科学着了迷。

——BBC “Fun to Imagine” television series, 1983

说到科学，我认为把科学搞得难懂的事情之一，是它需要很多想象力。要想象真事儿确实与这些发疯的事儿相似，那是很难的。

——BBC “Fun to Imagine” television series, 1983

在科学领域中，你得学会知道什么时候你知道，什么时候你不知道；你知道的是什么，你不知道的是什么。这些就是某种科学素养。你一定要小心，不要把你自己搞糊涂了！

——Interview with Yorkshire Television program,
“Take the World from Another Point of View”, 1972

世界是怪的；整个宇宙非常怪。但是，当你看细节，你发现规律是很简朴的。

——Interview with Yorkshire Television program,
“Take the World from Another Point of View”, 1972

我认为，在天文学中，数字是一个问题——大小和数量。

——BBC “Fun to Imagine” television series, 1983

我要说，牛顿是一个精通某事儿的天才——是一个擅长某种事儿的老师。他这个伙计，教我们如何以一种现代方式看待科学，因此我们能取得一些进步。他这个人非常仔细地在他搞出来的事实和实验决定的事实之间做区别，“果然是这样啊！”

——“QED: Fits of Reflection and Transmission”,
Sir Douglas Robb Lectures, University of Auckland, 1979

你首先必须告诉我，为什么一克正是像它那么大。因为在法国大革命期间或者什么期间有人选了一克。他们决定如此这般的分量是一克，然后就有电子是这么多克！

——“QED: New Queries”，Sir Douglas Robb Lectures, University of Auckland, 1979

这是我们物理学家具有的一个有利条件：我们知道我们在一个世纪前发现了什么。

——Letter to Dr. Robert S. Alexander, November 1965

我想让你欣赏这个奇妙世界，欣赏物理学家看世界的方式，我认为那是真正的现代文化的一个主要部分。（多半有其他学科的教授，他们会反对，但我相信他们完全错了。）或许你不仅会欣赏这种文化，你甚至可能想参与这个最伟大的冒险，那是人类心智曾经发起的冒险。

——*Feynman Lectures on Physics,* Appendix

研究机构和科研大学在目前的集中，有明显的危险。

——Letter to Professor M. L. Oliphant, regarding expanding research overseas
(*Perfectly Reasonable Deviations from the Beaten Track*, p. 82)

许多物理学家工作非常努力，试图凑成一幅大图景，把万事万物统一为一个超级绝妙的模型。那是一个令人雀跃的游戏，但目前关于这幅大图景是什么，这一伙儿思辨者与另一伙儿思辨者，没有达成一致意见。

——*QED: The Strange Theory of Light and Matter*, p. 150

如果我在拉斯维加斯赌博，我要把一些钱押在轮盘赌的92这个数字上，我旁边的那个女孩把饮料洒了，因为她看到熟人了，因此我停了一下，然后再赌，结果就是92，我能看得出来，为我准备的整个宇宙进程，挂在这么一个事实上：某个小光子撞在了她视网膜的神经末梢上。

——Lectures on Gravitation

科学没有目的——工程研究有目的。我们最大的进步，来自无心于功用的那些研究者，他们仅仅为乐趣，为满足好奇心，渴望理解事物。

——Notes from Los Alamos

为了控制原子弹，不必停止原子研究。研究被派了什么用处，这才是唯一真正需要控制的事。

——Notes from Los Alamos

如果我们的能力最终得到了发展——这种发展，我认为势不可挡——能看到在原子水平上我们的所作所为，那么解决化学和生物学的难题会得到巨大的进展。

——Notes

科学中没有一个精确的陈述能穷尽任何事。

——Notes

物理学观念进入外在世界，应用于社会和心理学等，此时发生的事情，是那些观念被歪曲到如此程度，变得琐屑、平淡、呆滞，变成完全不准确、不精确的东西。

——Audio recording of lecture on relativity,
Douglas Advanced Research Laboratory, 1967

你必须停下想想，真正着迷于这种复杂性——复杂性就是自然的那种不可思议的本性。

——BBC “Fun to Imagine” television series, 1983

我认为，电和磁的发现，以及最终被琢磨出来的电磁感应，多半是历史上最具根本性的变革，是最不同凡响的事情，是历史上最重大的变化。

——BBC “Fun to Imagine” television series, 1983

在谈论某个领域的观念对另一个领域的观念的重大影响时，搞不好就会丢人现眼。在如今这种专业化的年月，能深入掌握两个不同领域的知识的人凤毛麟角，他们不把自己搞成这种或那种傻瓜。

—— “The Uncertainty of Science”, John Danz Lecture Series, 1963
(*The Meaning of It All*, p. 3)

只准最好的人加入我们，那么在我们内心深处，岂不是自认为我们一定真是最好、最棒的人；我当然相信我确实非常好，但那是一件私事，我不能公开承认我真好，我不能到这么一个地步，我居然有胆子决定这个人，或者那个人，没有资格加入我的精英俱乐部。

——Letter to Dr. Detlev W. Bronk and the National Academy of Sciences, August 1961
(*Perfectly Reasonable Deviations from the Beaten Track*, p. 108)

我为你介绍了一些规范理论，你该记得。但是，我必须承认我对那些理论高兴不起来。它们像地图，显示不同的粒子。正如一幅普通的地图显示山峰，却不告诉你为什么那里有山。你仍然需要发现地球是怎么运作的。

——BBC interview, "Beyond Present Theories"

有时候，科学意味着发现事物的一种具体方法。有时候科学意味着所发现的事物中产生出来的知识。科学或许也意味着你能做的新东西，或是你创制新事物这一过程本身。

——"The Uncertainty of Science", John Danz Lecture Series, 1963
(*The Meaning of It All*, p. 5)

在学科学的时候，你学着操作试错法，学着培养别出心裁、自由探究的精神；这种精神大有价值，远超于科学之外。你学着问自己："做此事，有更好的方法吗？"（对此的回答，并非条件反射："让我们看看，在美国他们是怎么做的。"因为肯定有比美国更好的办法！）

——"The Problem of Teaching Physics in Latin America", 1963

[谈启示]后来，你想：“为什么魔鬼如此蠢笨，居然没有看到这个？”不仅你是对的，科学史也是对的。你可以一直看人类历史，并且玩味为什么他们不曾早二十年或者早十年想到那个，那取决于步调。

——Interview with Yorkshire Television program, "Take the World from Another Point of View", 1972

我设想实验物理学家必须常常以羡慕之眼看卡默林·翁尼斯（Kamerlingh Onnes）那样的人，他发现了低温那样一个领域，这个领域似乎没底，你可以往下走，再往下走。这么一个人，当时是一个领袖人物，在科学冒险中暂时是唯我独尊。

——*There's Plenty of Room at the Bottom*, 1960

理解空间，其实意味着理解从另外一个角度看事物可能是什么样子。

——Audio recording of lecture on relativity, Douglas Advanced Research Laboratory, 1967

没有哪个领域能做全部的研究。研究导致新发现，导致新问题，那有待于更多的研究来回答。

——Letter to student Mark Minguillon, August 1976 (*Perfectly Reasonable Deviations from the Beaten Track*, p. 306)

我十拿九稳地相信，下一门其应用陷入道德困境的科学，是生物学；如果物理学难题似乎是难的，那么与生物学知识的发展相关的难题将是巨大的。

——Galileo Symposium, “What Is and What Should Be the Role of Scientific Culture in Modern Society”, September 1964

世界在绕圈子，因为劳动分工——甚至志愿者的劳动分工——产生不同的意见和利益。我希望人人不像我那么想问题——如果我发现别人那么想，我就改变我的观点。因为路数多了，真正的进步必然由此而生。我们必须尝试每种事情。

——Letter to John M. Fowler, March 1966

我不会说我的物理学研究配不上那个奖，但站在人类立场上说，身为一个诺奖得主，一个重要的科学家，我配不上那个奖。我配不上，没别的。我是那种游手好闲的主儿。我穿着睡衣，在地板上用纸和铅笔工作，我炮制了东西，对吧？

——“The Remarkable Dr. Feynman”, *Los Angeles Times Magazine*, April 20, 1986

但我们必须矢志向前，我们只管矢志向前，我们就会一直向前，我们就发现更多的东西。

——Audio recording of *Feynman Lectures on Physics,* Lecture 7, October 17, 1961

顺便说一句，我或许一开始就说，如果一个事情不是科学，它不见得坏。比方说，爱情不是科学。因此，如果某个事情据说不是科学，那不意味着它有什么毛病；那仅仅意味着它不是科学。

——Audio recording of *Feynman Lectures on Physics,* Lecture 3, October 3, 1961

我到城里去买一些货，我带着一个废纸篓和其他东西。爱森巴德（Eisenbud）是个理论物理学家——我们碰到了——他在街上跟我擦肩而过。“哎，”他说，“你那样子很像是一位优秀的理论物理学家。你弄回来一些合适的工具——一块橡皮，还有一个废纸篓啊。”

——Interview with Charles Weiner, March 5, 1966
(Niels Bohr Library and Archives with the Center for the History of Physics)

[谈爱因斯坦]他穿着这种毛衣，里面没有衬衣，没穿袜子——正如大家都说的那样——在讨论中，事事处处，他总是这么一个温和的好人。他是这么一个有趣的人，你喜欢跟他谈话。

——Interview with Charles Weiner, March 5, 1966
(Niels Bohr Library and Archives with the Center for the History of Physics)

你知道，在基本面上，自然看起来非常、非常奇怪，到末了却以某种方式产生自然现象，那样子跟你起初想的非常不同。那无甚不妥。你必须把事儿想透彻，你不可一下子跳到错误结论上。

——Interview with Charles Weiner, March 5, 1966
(Niels Bohr Library and Archives with the Center for the History of Physics)

[谈第一次核测试]声学总给我深刻的印象。声学对我别有意味。视觉的东西大大不如。我听到爆裂之声的厚实感，在20英里（1英里约为1.6千米）之外，我就知道这玩

意儿还真是个东西，我就兴奋了。

——Interview with Charles Weiner, March 5, 1966
(Niels Bohr Library and Archives with the Center for the History of Physics)

我觉得我的麻烦，是不把东西写下来。我发现东西，然后别人也发现了，然后那就不值得一写了。比方说，我搞出的量子引力论，到了无限更高的级别——我是说，到了一种水平，到了一个细节，无限更高哈——比我知道的任何其他人都高。但它不完善，有些瑕疵，因此我还没把它写出来；但那简直是疯傻——到如今都五年了。我应该写个文章。

——Interview with Charles Weiner, June 27, 1966
(Niels Bohr Library and Archives with the Center for the History of Physics)

它怎么了——这有趣，这是科学办事的路子，我发现——当人相信某事，他们就会看到几个事儿与它相似，把它归因于其他的某事。于是他们就相信其他的某事存在。于是全部其他不中意的事情都成了确凿的证据，其中没有一星半点的东西是过硬的，但为数似乎蛮大。但是，当你幡然醒悟，说那个其他某事不是真的，全部确凿证据就顿时烟消云散。我是说，这仅仅是一种小打小闹——那仅仅是选了一个特别的盘子，看上去它的方向不错。那不硬。因此，你可以建立一个论点，相信某种东西，然后认为它分量蛮重，等你真的去仔细看看它，那分量是很轻的，每样东西都弱不禁风，凑起来也没多少东西。

——Interview with Charles Weiner, June 28, 1966
(Niels Bohr Library and Archives with the Center for the History of Physics)

我总是采取这么一种态度：我只解释自然的规律——我不必解释我的朋友们的那些方法。我不必学习我的朋友们的体系和方法——只看自然的那些——那是办事的一种非常经济的路数。

——Interview with Charles Weiner, June 28, 1966
(Niels Bohr Library and Archives with the Center for the History of Physics)

只在告诉你某个实验没有做成的时候，科学才有用；如果它只告诉你那些进展顺利的事情，科学就没什么好的。

——*Character of Physical Law*, p. 164

因此从心理上说，我们必须把全部理论装在脑袋里；对于完全相同的物理现象，每一位理论物理学家好歹要知道六七种不同的理论阐述。

——*Character of Physical Law*, p. 168

我们得到了爱因斯坦和玻尔那种人的训练，充分认识到一个观念乍看起来荒谬不堪，却能在后来捋得很顺，与经验相谋和；就是说，事情看起来绝对发疯，诸如没有同时的时间，没有确定性等，是完全可能的。

——CERN talk, December 1965

写文章，在科学期刊上发表，把研究搞得尽可能功德圆满，我们在此就有一个习惯，掩盖全部来龙去脉，不为死胡同担心，不交代你起先怎么得到了错误观念，如此等等。

——From *Nobel Lectures, Physics 1963—1970*,
Elsevier Publishing Company, Amsterdam, 1972

研究是一种获得信息的办法。你造炸弹，不必指望研究——你发现怎么造炸弹，那指望研究。

——Notes from Los Alamos

我们是什么，我们的归宿是什么，宇宙的意义是什么，关于这些有趣的问题，如果你指望科学给你全部的答案，我就认为你很容易水中捞月一场空，然后就为这些难题寻找一种神秘的解答。一个科学家，怎么会要一个神秘的解答，吾不知也。

——*No Ordinary Genius*, p. 251

因此，事情就跟科学有关系了。从某种意义上说，科学是天堂之门的钥匙，同样的钥匙也能打开地狱之门，而我们也没有什么说明书，告诉我们那门是哪个门。我们该把钥匙扔了，永远失去通达天堂的道路吗？或者，我们应该带着这个问题斗争，找到使用这把钥匙的最佳方式？

——“The Uncertainty of Science”, John Danz Lecture Series, 1963
(*The Meaning of It All*, p. 6)

控制科学发明，科学就完了。科学是我们全部工程发展的源泉——小心别拿控制把科学杀死了。

——Notes from Los Alamos

单是各门科学本身，就包含一个事关危险的教训：大家居然相信前代最伟大的导师们不可能犯错误。

——National Science Teachers Association Fourteenth Convention lecture, "*What Is Science?*", April 1966

科学的这些思想，止于敬畏与神秘之中，迷失于不确定的边缘，但显得如此深远、如此感人，那么说宇宙的全部编排只为做上帝的戏台，让上帝观看人类为善恶的斗争，这个说法就似乎不恰当了。

——"The Uncertainty of Values", John Danz Lecture Series, 1963 (*The Meaning of It All*, p. 39)

米歇尔·费曼与卡尔·费曼提供照片

我越是问为什么，事情越是有趣。那是我的看法，事情越复杂，它越叫人感兴趣。

——BBC "Fun to Imagine" television series, 1983

我爱挑战。我总挑战。其实，我较晚的爱好，最初跟科学无关，但总是挑战。撬锁、解码、分析不知如何解读的象形文字——你瞧，这些事儿都是相同的。

——Interview with Charles Weiner, March 4, 1966
(Niels Bohr Library and Archives with the Center for the History of Physics)

改天，我得去牙医那儿，他在准备电钻，要在牙上钻孔；我想，我最好赶紧思考某件事儿，否则太遭罪了！然后，我就想电钻的小马达在转，什么玩意儿让它转，里面是怎么弄的。

——BBC "Fun to Imagine" television series, 1983

我认为，不断尝试新的解决办法，是做每一件事的方法。

—— "The Uncertainty of Science", John Danz Lecture Series, 1963
(*The Meaning of It All*, p. 9)

我想知道为什么。我想知道为什么。我想知道为什么我想知道。我想知道为什么我想知道，为什么我想知道，为什么我想知道！

——*Surely You're Joking, Mr. Feynman!*, p. 48; *Classic Feynman*, p. 46

一个傻子能办到的事儿，另一个傻子也能；另外某个傻子为此打败你，这不应该让你焦躁：你应该抖擞精神，发现一点东西。

——*Feynman Lectures on Computation*, pp. 15—16

假设有人在探索一个新大陆，好吧？他们看到水在地上流，他们以前见过那个，他们称之为“河”。因此，他们说他们在探索，要发现源头，他们逆流而上，果然，源头在那儿，一切都不出预料。但是，且慢，当他们走得足够远，他们发现这整个系统是不一样的：那里有一个大湖，或泉水，或转圈子的河。你可能说：“哈！他们失败了！”但他们一点没失败！他们蛮有理由觉得他们正在干的事儿，是探索这片土地。

——*Omni* interview, February 1979

只要我不知道他们发现了它，因为那个时候我知道了某个事情，我发现了一个规律，我能对自然做出预言，那就是我的目标。有某个别人已经做出了那些预言，这个我不知道，这个事实无论如何不会扫兴。因此，那确实是一个开心时刻。我希望有更多那样的时刻，但我不向诸神乞求每样东西。

——Interview with Charles Weiner, June 28, 1966
(Niels Bohr Library and Archives with the Center for the History of Physics)

鼓捣，就是答案。做实验就是一直鼓捣。

——Interview with Charles Weiner, March 5, 1966
(Niels Bohr Library and Archives with the Center for the History of Physics)

异想天开，观看世界，想象事情，这类事情其实不是异想天开，因为你只是努力想象事情实际是怎么样的，有时候事情就不期而至。

——BBC“Fun to Imagine”television series, 1983

你现在来找我，采访我，你问我关于最新的发现。你知道，没有人在街上问一个简单的、普通的现象，如“那些颜色怎么样？”之类。我们或许可以做一个好的访谈，解释全部的颜色。蝴蝶的翅膀和全然重大的问题。那个再说吧。你想要那个最终的大结果，那说来话长了，因为我处在发现关于世界的事情的那种400年非常有效的方法的末尾上。

——Yorkshire Television interview,
“Take the World from Another Point of View”, 1972

真相总是好玩的，这意思是，它能解释的东西，远超过你在开始琢磨它的时候的期望。

——Audio recording of *Feynman Lectures on Physics*,
Lecture 7, October 17, 1961, Q&A

我理解不了一般的事情，我必须在心里寻思一个具体的例子，看它怎么走。

——*Surely You're Joking, Mr. Feynman*!, p. 244; *Classic Feynman*, p. 257

人类要不想止步不前就不能停止思想。人类已被阻滞了很长一段时间。

——“The Uncertainty of Values”，John Danz Lecture Series, 1963
(*The Meaning of It All*, p. 56)

另外，在探索新规律的时候，你总有这种心理上的兴奋，觉得你眼下正在寻找的那个发疯的可能之事，或许还没有人想到呢。

——From *Nobel Lectures, Physics 1963—1970*,
Elsevier Publishing Company, Amsterdam, 1972

任何规律的例外情况，本身是最有趣的，因为那向我们显示：这个老规律是错误的。然后，最叫人兴奋的是，发现正确的规律是什么，如果有正确规律的话。

——“The Uncertainty of Values”，John Danz Lecture Series, 1963
(*The Meaning of It All*, p. 16)

我必须理解世界，你知道。

——*Surely You're Joking, Mr. Feynman!*, p. 231; *Classic Feynman*, p. 242

[谈理论物理学] 理论物理学像是探索一片新的野地。如果你计较你发现的东西，你就可能对自己说“我想事情不像我认为的那样，我还是不要探索了吧”，你的探索就不会成功。不对，发现事情是怎样的，才是乐趣，而不要从开始就带着先入之见；等你发现事儿不是那样，你就失望。那是荒

谬之事，因此我不往心里装那种事情会怎么样的想法，我只努力尽我所能多多地发现。

——BBC interview with John Maddox, "Scientifically Speaking", April 1976

如果你钻研得足够深，几乎样样事物都真是有趣。

——*Perfectly Reasonable Deviations from the Beaten Track*, p. 415

我们生活在一个英才辈出、独一无二、令人兴奋的奇妙时代。未来时代的人看今天，会非常嫉妒。生活在一个发现了基本规律的时代是何滋味？你不能发现美洲两次，我们会嫉妒哥伦布。你说，是啊，但如果不是美洲，那有另外的行星有待于探索呢？确实如此。如果不是基本物理学，那就有其他问题需要研究。

——*Perfectly Reasonable Deviations from the Beaten Track*, p. 440

在这里做实验，就能预言在那里会发生什么事儿，此事可能，真乃奇迹。如果你知道某事的规律，你就能预言之，这倒也不算奇迹。换言之，真够奇迹的，是毕竟存在规律，而确为奇迹的事情是能发现规律。那是另外一种奇迹。你瞧，知道一个规律，以琢磨出如此这般将会做什么事，然后让自然做那件事——妥了，那挺好啊。但是，看看其他方面，要猜一下，要知道那里潜藏一个模式，你告诉自然，说在这个实验中她会做那件事——

不凭推断，严格地说，不从已知之事中做推断，而根据已知之事做猜测——那在我看来是一件奇妙的事情。我总想做那样的事。

——Interview with Charles Weiner, June 28, 1966
(Niels Bohr Library and Archives with the Center for the History of Physics)

即便在我那本发疯的书里，我也不曾破费笔墨——但事儿是真的——画画儿，破译玛雅文字，打鼓，撬保险柜，等等，我都竭尽全力。生活的真正乐趣，就是这种不停的考验，实现任何潜力，能走多远，就走多远。

——Letter to Mr. V. A. Van Der Hyde, July 1986
(*Perfectly Reasonable Deviations from the Beaten Track*, p. 414)

我认为，我们正在干事情的方式，是我们在探索——我们试图尽可能多地发现世界的事情。人们对我说："你在寻找终极的物理定律吗？"不是，我不找那个。我寻寻觅觅地要发现这个世界更多的东西。如果到头来存在一个简单的终极定律，解释得了万事万物，善莫大焉；发现那个，敢情好。如果到头来事情像个洋葱，有几百万层，我们就恶心了，腻味一层层地看了，那就是世界的路数了。但是，无论结果怎样，那都是自然，自然是我行我素！因此，当我们去研究自然的时候，我们不应该事先就断定我们会发现什么东西；会发现更多东西另当别论。

——*No Ordinary Genius*, p. 252

我常常想那个事儿，特别是我教一些深奥的技巧，如对贝塞尔函数做积分计算的时候。我看到方程式，我看到字母是彩色的——我不知道为什么。在我说话的时候，我看到杰恩克（Jahnke）和艾米德（Emde）的书里贝塞尔函数的模模糊糊的样子，js是浅褐色的，ns是紫盈盈的，xs是深棕色，四处乱飞。我就想知道，在学生那里，那是个什么鬼样子。

——*The Pleasure of Finding Things Out*, p. 223

我的科学兴趣，仅仅是发现世界更多的东西；我发现得越多越好。我喜欢发现。

——*No Ordinary Genius*, p. 252

我再不曾犯那个错误，读专家意见那个错误。但是，你只有一辈子可活：你把你的错误都犯过了，你就学会了干什么——而你也行将就木了。

——*Surely You're Joking, Mr. Feynman!*, p. 255, *Classic Feynman*, p. 281

从那之后，我对"专家"的任何东西都不注意了。什么东西我都自己计算。

——*Surely You're Joking, Mr. Feynman!*, p. 255, *Classic Feynman*, p. 281

不到深刻地理解这个难题的极其复杂之处，你是不会对它发生兴趣的。那么，每一个问题都有趣。

——Notes

做研究不为实用。做研究为发现了东西而兴奋。

——“The Uncertainty of Science”, John Danz Lecture Series, 1963
(*The Meaning of It All*, p. 9)

了解这世界的其余部分是怎么样的，这种多样性是值得的。

——*Surely You're Joking, Mr. Feynman!*, p. 63; *Classic Feynman*, p. 63

第二天在会上，我见到了斯洛尼克（Slotnick）。我说：“斯洛尼克，我昨晚把它干出来了，我想看看我的答案和你的是不是一样。每个耦合，我都得到了一个不同的答案——但是，我愿意和你仔细检查一下，因为我想把我的方法搞稳妥了。”他说：“你昨晚上干出来了，你什么意思啊，它花费了我6个月啊！”那在我是一个销魂的时刻，跟得了诺贝尔奖似的，因为那让我确信，我真有某种方法和技巧，明白怎么做事情，而别人不知道怎么做。那是我的辉煌时刻，我意识到我确实搞出了有价值的东西。

——From *Nobel Lectures, Physics 1963—1970*,
Elsevier Publishing Company, Amsterdam, 1972

那一定和好奇心有关。那一定和人想知道什么玩意儿让某个东西做某个事儿有关。那么，如果你想得到答案，你就发现事情都是互相联系的。造就风的那些东西，也造就浪，而水的运动相似于空气的运动和沙的运动。事物有共同特点，这个事实变得越来越普遍。我们在寻找事物如何运作的方式，寻找什么力量使万物运作。

——Yorkshire Television interview,
“Take the World from Another Point of View”, 1972

关于我们在哪儿，我们是什么，那是好奇心。发现我们在一个大球上，我们一半人头朝下粘在大球上，大球在空间中自旋，有一种神秘的力量笼住了我们，绕着一团巨大的燃烧气体转动，烧的火完全不同于我们能制造的任何火（好吧，我们现在能制造那种火——核火），但是许多人觉得这故事比其他人通常编造的那些故事更刺激得多，那些人为宇宙忧虑呢；说我们住在一只乌龟的背上，或者其他什么东西上。那都是些好玩的故事，但实情是更非凡。物理学给我的乐趣，是它揭示的真相是如此非凡，如此有趣。

——Yorkshire Television interview,
“Take the World from Another Point of View”, 1972

当我们看任何问题看得足够深的时候，同样的战栗，同样的敬畏和神秘，一而再地光临。有了更多的知识，就来了更深更妙的神秘，引诱你继续钻得更深。从来也不要担心某个答案或许被证明是令人失望的，而要带着愉快和自信，我们翻腾每一块新石头，去发现不可想象的怪事，那种怪事继续导致更妙的问题和神秘——那肯定是一场宏大的冒险！

——“The Value of Science”, December 1955

[谈物理学难题]大多数时候，我解决不了那些难题。等了好长时间，我才偶尔解决。因为我选来研究的那些难题是相当大的，是别人都没解决的难题；当你解决了别人解决不了的某种东西的时候，你就得到了一点骄傲。你就干得更带劲。

——“The Remarkable Dr. Feynman”, *Los Angeles Times Magazine*, April 20, 1986

我不知道任何事情，但我确实知道：万事万物都有趣，只要你走得足够深。

——Interview with *Omni* (*The Pleasure of Finding Things Out*, p. 203)

世界上唯一的正经事儿，不是用处。理解世界是什么构成的，是有趣的。正是同样的兴趣，人的好奇心，才促使他制造望远镜。发现宇宙的年龄，有什么用？那些在遥远之处爆炸的类星体，又有什么用？我的意思是，全部天文学有什么用？一点用也没有啊。然而，它有趣。

——Future for Science interview (*The Pleasure of Finding Things Out*)

一个伙计进了我的屋子，发现我探出一扇敞开的大窗，其时是严冬，一只手掐着一个罐子，另一只手搅拌。如果你不停地搅拌，凝胶会不会凝固？我对此好奇。

——“It's as Simple as One, Two, Three” interview, December 1978

我不回答你的问题，但我告诉你，问“为什么”的那种问题有多么难。你必须知道你可以理解的是什么东西，你必须知道什么是允许可以得到理解和知道的，什么是你不理解和不知道的。

——BBC “Fun to Imagine” television series, 1983

我喜欢拼图游戏：某个伙计努力搞出某个东西，意在难为另一个家伙；把事儿办好，必有门道。

——*Surely You're Joking, Mr. Feynman!*, p. 139, *Classic Feynman*, p. 155

你永远不要怕会出来某种新生事物。天要下雨，到时候就来，那时你会努力理解它。但是，那会非常令人兴奋！

——Audio recording of *Feynman Lectures on Physics*, Lecture 3, October 3, 1961, Q&A

那是我研究的方法——理解某种事情，手段是努力把它琢磨透。换言之，通过创造它来理解它。当然，不是把它百分之百地创造出来，而是捡起一个线索，作为往前走的方向，而不记细节。你为你自己把那些东西琢磨透。

——*Feynman Lectures on Computation*, p. 15

活在我们的时代，有这么奇妙的谜题可以费脑筋，不有趣吗?

——Letter to Dr. Victor F. Weisskopf, January—February 1961

他常常这样开始谈事情：“设想一个人要从火星上下来，要看看这个世界。”那是看这个世界的一个非常好的方式啊。

——National Science Teachers Association Fourteenth Convention lecture, “What Is Science?”, April 1966

我有点试图想象，如果我生在今天这个时代，我会有什么遭遇。我很害怕啊。我想，书太多了，脑子会无所适从。如果我感兴趣，我有那么多东西要看，我会发疯。太容易是这样。或许会疯，或许不会。这或许仅仅是一个老派的看法吧。

——Interview with Charles Weiner, March 4, 1966
(Niels Bohr Library and Archives with the Center for the History of Physics)

有时候人们说："你突然鼓捣这个，那是怎么了？"那仅仅是因为我最终弄成了一些事儿。我常常鼓捣杂七杂八的许多事儿，搞不出东西。然后，就无声无息。大家就说："你为什么突然搞这个啊？"那个，是的，我最终在这件事上有了进展。我不是突然搞它的啊。

——Interview with Charles Weiner, June 28, 1966
(Niels Bohr Library and Archives with the Center for the History of Physics)

我们孜孜以求的，是万事万物如何运作，是什么使万事万物运作。在历史上首次发生的事，是我们首次发现表面的事情，显而易见的事情；逐渐地，我们问更多的问题，对事情挖掘得深了一点，我们需要做复杂一点的实验，来发现事情。

——Interview with Yorkshire Television program,
"Take the World from Another Point of View", 1972

另外许多人，给你讲洛斯阿拉莫斯，认识政府组织那类东西中的级别较高的人物，那些人物为某种重大决策劳心伤神。我不为重大决策劳心伤神。我总在下层的某个地方扑腾。

——UCSB talk, "Los Alamos from Below", February 1975

我们在物理学中取得这么大的进展，其原因嘛，或许是因为它太容易。

——*Great American Scientists*, p. 24

比方说，我研究金属组织学，因为那是一个我一无所知的领域。我总有兴趣了解某种我一无所知的事情，你知道，在冶金学中，在金属学中。我特别记得那个过程。那时候，我第一次发现你的物理学知识大有用处，都是相通的嘛。

——Interview with Charles Weiner, March 5, 1966
(Niels Bohr Library and Archives with the Center for the History of Physics)

我认为正确的方式，当然，是这么说的：我们必须寻找的东西，是事情的整体结构性的相互作用；全部科学，不仅仅是全部科学，而是全部种类的心智努力，都是孜孜以求等级结构的联系，把美和历史联系起来，把历史和人的心理联系起来，把人的心理和大脑的工作联系起来，把大脑和神经冲动联系起来，把神经冲动和化学联系起来，如此等等，向上也朝下，双向的。

——*The Character of Physical Law*, p. 125

我回答不了成年人的问题，那是坏问题。通常他们想知道他们看到的某个新词的意思，那是他们永远也不理解的某种东西。我讨厌成年人。年轻人对自然好奇。

——*Columbia Dispatch*, October 22, 1966

我断定，在我小时候，我喜欢这门课，因为它好玩。我曾经喜欢自然，研究自然是因为自然好玩。因此，我应该干的事儿，是与自然做游戏，只要我觉得奇异和有趣就好——我仅仅玩就行了。你懂吗？就像我小时候那样就好——发现事物之间的关系，干这个，干那个，我觉得喜欢的任何事儿。我必须研究这个问题，因为它重要；我必须研究那个问题，因为它重要，或者因为它是人人都期望我干的事儿。

——Interview with Charles Weiner, June 27, 1966
(Niels Bohr Library and Archives with the Center for the History of Physics)

别的伙计读的那些东西，我确实读得不多。我读他的那些假定是什么，如果那些假定似乎有道理，我就把结论搞出来。绝大多数时候，我不必读他怎么把结论搞出来。

——Interview with Charles Weiner, June 28, 1966
(Niels Bohr Library and Archives with the Center for the History of Physics)

有时候，真相先被发现了，那个真相的美或者"必然性"是后来才看到的。

——"Structure of the Proton", Niels Bohr Medal lecture given in Copenhagen, Denmark, October 1973

但是，如果你一直证明别人已经证明过的东西，得到了自信，你能解决的问题越来越复杂——仅为乐趣——那么，有朝一日，你回过头来看，发现没有人那么干过！

——*Feynman Lectures on Computation*, p. 16

我想搞科学研究——就是说，更多地发现世界是怎么运作的。那不是一个秘密；世界的运作不是秘密。

——*Perfectly Reasonable Deviations from the Beaten Track*, p. 422

氦的难题，最难的部分，是单凭物理推理得到解决的，却写不出任何东西。仅仅站在那里就行——你知道，我记得我是类似于倚在厨房洗碗池那里，你懂的，看着它，仅仅在思考。你能办成那件可恶的事儿，不必把东西写下来。

——Interview with Charles Weiner, June 28, 1966
(Niels Bohr Library and Archives with the Center for the History of Physics)

当你解释一个“为什么”，你必得处于某种框架中，这个框架允许你认为某事是真的；否则，你就没完没了地问“为什么”。

——BBC “Fun to Imagine” television series, 1983

理解世界，理解它全部的复杂性，你开始觉得非常有趣。如果你努力跟上任何事情的步调，你在四面八方就走得越来越深。

——BBC “Fun to Imagine” television series, 1983

我们知道的全部，是随着我们一直走，我们发现我们能够把碎片拼合起来，然后把不契合的碎片找出来，一直努力把这个纵横拼图游戏做成。但是，碎片数是否为无限，这个纵横拼图是否有边界，当然无人知道。那永远无人知道，直到我们——如果我们确实——有朝一日把那个画面拼成。

——Audio recording of *Feynman Lectures on Physics*, Lecture 2, September 29, 1961

那是开头，这个观念对我似乎如此明显，如此优雅，我深深地爱上了它。正如爱上了一个女人，只在你对她了解不深的时候，才有可能，因为你看不到她的缺点。那些缺点，在后来会变得明显，但在那之后爱情足够强大，把你和她捆在一起了。因此，我钟情于这个理论，尽管有全部的困难，我年轻的热情不为所动。

——From *Nobel Lectures, Physics 1963—1970*, Elsevier Publishing Company, Amsterdam, 1972

我们生活在英才辈出的时代。我们生活在这么一个时刻，过了这个村，就没有这个店。这些发现，不可能搞出两次。你不能连续发现美洲两三次，确实不能，你也不能不止一次地发现核力和电。

——BBC, "Strangeness Minus Three", 1964

真相处在流行的方向上，这种机会是很高的。但是，在极少的时候，真相在相反的方向上——在明显是那个不流行的场理论的方向上——谁发现它呢？只能是某个自我牺牲的人，手段是从一种特异的不流行观点，一个他或许必须为自己发明出来的观点，自学量子电动力学。

——From *Nobel Lectures, Physics 1963—1970*, Elsevier Publishing Company, Amsterdam, 1972

与保罗·狄拉克在华沙相对论会议上，1962年7月
加州理工学院提供照片

总有可能证明任何确定的理论是错误的；但注意，我们永远不可能证明它是对的。假设你发明了一个很好的猜想，计算其结果，每次都发现结果与实验符合。这个理论就对吗？不是那样的，那仅仅没有证明它错了而已。

——*Character of Physical Law*, p. 157

人们仍然在设计新的陀螺、新的装置、新的方法，其中的一项或许会很好地解决那些难题，比方说，必须把轴承搞得如此精确那种荒谬劲儿。如果你拿陀螺玩一阵，你会看到它的轴的摩擦力不小。说其荒谬，如果轴承造得摩擦力极小，轴会摇晃，你就不得不为一英寸的百万分之一操心了——那就可笑了。更好的方法必定是有的。

——*Feynman's Tips on Physics*, p. 129

在今天的物理学中，关于什么是能量，我们没有任何知识，意识到这一点，是重要的。

——Audio recording of *Feynman Lectures on Physics*, Lecture 4, October 6, 1961

思考无非是在心里自言自语。

——*The Pleasure of Finding Things Out*, p. 217

物理学家喜欢这么想，你必须做的全部事情，是说："这些都是条件，现在接下来会发生什么？"

——*The Character of Physical Law*, p. 114

大量规范工作是写文章和组织工作。我想到一个更好的方法、一个更好的方法、一个更好的方法，也能搞规范，能证明规范。我做的总是不多——我的意思是，事情仅仅是更干净、更干净、更干净。那像打磨一个粗糙的花瓶。其形，你知道你要什么样，知道它是什么样。把它磨光，把它搞干净，然后谈其他的事。

——Interview with Charles Weiner, March 4, 1966
(Niels Bohr Library and Archives with the Center for the History of Physics)

我思考某事的时候，我沿着一种确定的路线走，然后我碰了壁，我就回去，我就想——我很容易就被搞糊涂。我很容易就陷入混乱。那是你在做思考这档子事儿的时候的可怕之事。那像垒起的一堆纸牌，整个塌了；你继续垒，又塌了。

——Interview with Charles Weiner, June 28, 1966
(Niels Bohr Library and Archives with the Center for the History of Physics)

我总是试图用尽可能最少的知识去工作，很少知道其他人在做什么，因为越是个人主义，我越是快乐；如果我步人后尘，我就被他们说的话搞糊涂了。

——Interview with Charles Weiner, June 28, 1966
(Niels Bohr Library and Archives with the Center for the History of Physics)

我不喜欢评断他人，或他人的研究，一点都不喜欢。我不想评断别人的研究工作。

——Interview with Charles Weiner, June 28, 1966
(Niels Bohr Library and Archives with the Center for the History of Physics)

每个夏天我都旅行，我想这一次，我到哪儿呢？我说，去它的，我觉得我不喜欢旅行了。不旅行，我要做生物学实验。我要到一个不同的领域，而不是到一个不同的地方了。

——Interview with Charles Weiner, June 28, 1966
(Niels Bohr Library and Archives with the Center for the History of Physics)

我有一个原则，我写的任何东西，我都应该理解个透彻；与我知道的相比，落在纸面上的应该稍微少一点；无论我写的什么，会是对的。我不喜欢某个人写的那论文；提出一个观点，三个月后，大家发现那是个傻玩意儿。

——Interview with Charles Weiner, June 28, 1966
(Niels Bohr Library and Archives with the Center for the History of Physics)

那在我是一件烦人之事，因为我意识到那意味着全部这些噪音、这些麻烦，以及不法行径，你懂吗？那就有我不尊敬的报人，我对炒作不尊敬。这个世界充满热空气，如今仅仅是多余的宣传垃圾，那都不是真的。我只是不想蹚那个浑水，我也不知道怎么脱身。我仍然设想我可以不接电话。因此，我把电话从叉簧上拿下来。

——Interview with Charles Weiner, June 28, 1966
(Niels Bohr Library and Archives with the Center for the History of Physics)

许多事情，我原本以为我理解不了，是因为我对那个课题知道得不多，这叫我烦躁，其实我不理解那些事情，是因为它们不合逻辑，站不住脚。

——Interview with Charles Weiner, February 4, 1966
(Niels Bohr Library and Archives with the Center for the History of Physics)

但我搞研究不走直线。所以，朝一个方向，我向前跳，我期望与另一个方向殊途同归，功德圆满，对吧？但是，向前跳是管用的。我完全不认为真的能够向前跳。我认为我能够干一个更大的事，我就为此研究，但事情一点也没变大。我有些糊涂了。但向前跳是非常重要的。

——Interview with Charles Weiner, February 4, 1966
(Niels Bohr Library and Archives with the Center for the History of Physics)

科学家通常也看世界的其他部分，你知道他们觉得万事万物有多么荒谬，每个人有多么愚蠢，海军的伙计们有多么笨，他们量距离的方式是不同的，因此，呵呵，但你应该为你自己羞耻，我们应该为我们自己羞耻，因为，比方说，量任何东西的方式，是没有区别的。

——Audio recording of lecture on relativity,
Douglas Advanced Research Laboratory, 1967

如果你曾经坐出租车去赶飞机，你突然发现你正在用的是夏时制，而不是标准制之类，你不知道你能否赶上飞机，你就努力琢磨，时间是提前还是延后？你知道那多么麻烦。

——Audio recording of lecture on realtivity,1967

我从你的封箱里把这东西拿出来，把它放在冰水里，我发现，如果你在一段时间在它上面加一些压力，然后把压力撤除，从冰水里拿出来，它就缩不回去。它保持不变的尺寸，换言之，起码在几秒钟之内，不止几秒钟，在32℉的温度中，这种特殊的材料没有弹性。

——Transcript of the hearing of the Presidential commission on the space Shuttle Accident,February11,1986

不合适的事情，是最有趣的。

——*The Pleasure of Finding Things Out*, p. 223

物理学家应该惭愧：天文学家一直问："如果你有一大堆垃圾，引力把它们牵扯到一块儿，还旋转，将来会发生什么，你为什么不为我们琢磨出来？你明白这些星云的形状吗？"没有人曾回答他们。

——*Feynman's Tips on Physics*, p. 127

我一旦沉浸在物理学中，我就忘了我在跟谁讲话。

——Interview with Charles Weiner, June 28, 1966 (Niels Bohr Library and Archives with the Center for the History of Physics)

你将不得不打起精神应对此事——不是因为那很难理解，而是因为那绝对荒谬：我们做的全部事情，是在一张纸上画一些小箭头——妥了！

——*QED: The Strange Theory of Light and Matter*, p. 24

这个似非而是的情况，仅仅是现实与你觉得现实应该如何的那种感觉之间的一个矛盾。

——*Feynman Lectures on Physics*, vol. 3, p. 18—19

那不是一个悖论，但它仍然非常怪异，你相信吗？关于这一点，我们大家是一致的。物理学因此才令人心醉神迷。

——*Feynman Lectures on Physics*, vol. 3, p. 18—19

说话的真正麻烦，是语言不精确。问题是要清晰的语言。要紧的是要把观念清楚地传达给另外一个人。关于一个短语的意思，每当有所疑问，那只需要措辞精确，然后把精确的说法放在有疑问的那个地方。把任何事情说得绝对精确，确实颇不可能，除非那个事情非常抽象，远离真实世界，不代表任何真东西。

——“New Textbooks for the ‘New’ Mathematics”,
Engineering and Science 28, no. 6 (March 1965): 9—15 at 14

你已经永远忘记了的事情，你能把它们重新创造出来——但愿你不要忘得太多，但愿你知道得足够多。换言之，有那么一个时候，你会知道太多的事情，当你把它们忘了的时候，你可以用你还记得的零碎把它们重建起来。因此，你知道如何做三角测量，具有头等的重要性——就是说，从你已经知道的东西中，知道如何琢磨出某种事情。这是绝对必要的。

——*Feynman's Tips on Physics*, p. 39

事出偶然，从基础物理的观点看，最有趣的现象，当然是新地方，是基础物理不管用的地方，不是它管用的地方，因为那里就是我们发现新规律的地方。

——Audio recording of *Feynman Lectures on Physics*,
Lecture 2, September 29, 1961

你记住公式，对你自己说："我知道全部公式；我做的全部事情，是琢磨着怎么把它们都放在这个问题中！"那办不了事。

——*Feynman's Tips on Physics*, p. 38

首先，我要告诉你这个理论是什么；我要告诉你它是什么样子，我们干吗要做那些计算，这东西是什么。否则你怎么理解"世界图景"这个东西是什么。那是一个"世界图景"，因为它描绘世界上的全部现象（放射性和引力除外）！那是很多现象了！如果万事万物都得到了彻底的理解，那么在你说了一句傻话的时候，它就应该能解释听众们的笑声！

——"QED: Photons—Corpuscles of Light",
The Sir Douglas Robb Lectures, University of Auckland, June 1979

事实上，一位物理学家知道的总量是很小的。他只需要记住一些规律，那些规律让他从一个地方走到另一个地方，而他竟然是对的。

——*The Character of Physical Law*, p. 45

我了解到，对看上去不同的许多领域而言，物理学是一个非常有用的背景；世界是同一个，物理规律不那么无用，你知道我是什么意思？物理规律管用。是的，它们管用，你可以在不同领域中用这些观念，你就出人头地，因为有大量事情对你而言是一目了然的，别人却必须学习。但是，当然，你也必须通过经验来学习。我不是说只有物理学管用——左右开弓会比任何人厉害得多。但是，研究物理学，在哪儿都好，那是真的。

——Interview with Charles Weiner, March 5, 1966
(Niels Bohr Library and Archives with the Center for the History of Physics)

那是一个非常艰难的活儿。那是好多工作啊。那么，我们做那个，所为何来？因为那令人兴奋，因为这么一个事实：我们每次得到这些事情中的一件，我们就有一次激动——一条大鱼啊——我们有了关于自然的一个新看法。我们看到了自然本身的别出心裁，但愿我可以这么说。那是自然运作的怪癖。人心费了好大的纠结，才理解这些事情。科学发展的真正价值，就这种联系来看，促使我一直研究的事情，就是这个，是理解自然时的困难。这些猴子，站着看自然，发现自然确实好看，他们就不得不尽力打磨心智。

——BBC，“Strangeness Minus Three”，1964

我碰巧知道这个，我碰巧知道那个，或许我知道那个；我从那里琢磨每样事情。明天我或许忘记这是真的，但我记得其他事情是真的，因此我就把它完全重建起来。我从来拿不准我应该从哪儿开始，在哪儿结束。我只是一直记得足够多，因此在记忆模糊的时候，有些碎片就掉出来了，我每天都能把那个东西重新拼凑起来。

——*Character of Physical Law*, p. 47

The Quantum World
量子世界

哥本哈根的克莱门斯摄影
米歇尔·费曼与卡尔·费曼提供照片

我要告诉你的事情，是我们在研究生院教给那些学物理的三、四年级学生的东西——你觉得我为你解释，你就能理解？不行啊，你不会理解的。那么，为什么我还要拿这件事烦你？你不能理解我将要讲的话，你为什么还一直坐在这里？我的任务是叫你相信，不要走开，正是因为你理解不了。你瞧，我那些研究物理学的学生不理解它，那是因为我不理解它。没有人理解它。

——*QED: The Strange Theory of Light and Matter*, p. 9

科幻小说的作者，把我对正电子的看法解释为在时间里倒退的电子，他们不曾意识到这个理论与因果原理完全不矛盾，也无论如何不暗示我们能够在时间中逆行。

——Correspondence with David Paterson (BBC), February 1976

在我成熟以来，我一直致力于把量子力学的那种怪异性用简单的语法表示出来，我已经讲了很多课，越来越简洁。

——Letter to Dr. N. David Mermin, March 1984
(*Perfectly Reasonable Deviations from the Beaten Track*, p. 368)

引力或许是量子力学在大距离上失败的一种方式。

——Letter to Dr. Victor F. Weisskopf, January—February 1961

以前和以后，不是绝对观念；它们依赖于观点。那和什么东西在前、什么东西在后那样的问题相似。如果我稍微转身，我就能改变布局。两个东西可能显得在离某个人相同的距离上，但显得在离另一个人不同的距离上。与此相似，从某个观点看，两个事件显得同时发生，在另一个观点上，显得不同时发生。这促使我们得到作为第四个几何维度的时间呈现方式。

——From notes for “About Time” program, 1957

我真相信量子力学在根本上是正确的，而全部的问题仅仅是心理上的麻烦。要习惯量子力学，极端地困难，因为当你不看某个东西，它就不是这样，而是那样，要把这个观念搞成常识和一般知识，那是太过分了。“看在上帝的面上，当你不看这个世界，你甚至不能说它是这样或者是那样？但它必得是这样或那样”，你能这么说。不，你不能那么说，否则你有麻烦！大家说事情不可能如此疯狂。事实必定是大自然不很像是那样。

——Esalen lecture, “Quantum Mechanical View of Reality (Part 1)”, October 1984

现在，我说到理论物理学的最大耻辱了。在最近25年里，不止那么长的时间，那将近40年，场论一直存在，仍然没有一个人能够精确计算其结果。举例说，连汤川秀树的场论预言也得不到准确的计算。在电动力学中，我们能近似地计算，那仅仅因为耦合太小了。我们在耦合常数中进行了一系列的扩展。当我们不能进行这一系列扩展的时候，我们就蠢得琢磨不出结果是什么。那是一桩罪行。我们目前进展不大，此乃原因之一。

——Caltech lecture on particles, 1973

如果有人说，“我们将发现终极粒子，或统一场定律”，或者会发现独一无二的某种东西，他就想当然了。如果事情出乎预料，科学家甚至更高兴。你以为他会说，“嚯，事情不像我期望的那样，没什么终极粒子，我懒得探索那东西了”？不是的，他会说：“那么，它究竟是个什么鬼东西？”

——*Omni* interview, February 1979

在量子力学的小尺度上的事物的行为，是怪异而奇妙的，理论物理学家一直试图拿这个小世界的趣事来取悦公众。

——“Theory and Applications of Mercerau’s Superconducting Circuits”, October 1964

今天最有趣的那些问题——也肯定是最实际的问题——明显是固体物理学。但是，有人说没有什么东西像一个好理论那么实际，量子电动力学理论肯定是一个好理论！

——*QED: The Strange Theory of Light and Matter*, p. 114

可以干得最好的事儿，是放松，玩味这个：我们的渺小，宇宙其他部分的浩瀚。当然，如果这个让你闷闷不乐，你总可以从另一面看事情，你多么大，原子与原子的部分不能与你相比，那么你就是那些原子的一个巨大的宇宙，那么你就能在宏观与微观之间顶天立地，从两股道上玩味大千。

——BBC "Fun to Imagine" television series, 1983

我们物理学家总是检查，看看有没有什么东西跟理论闹别扭。那是游戏，因为有什么东西不对劲，那很有趣啊！但是，到目前为止，我们没有发现量子电动力学有什么毛病。因此，我要说，它是物理学的珠宝——我们拥有的最大骄傲。

——*No Ordinary Genius*, p. 70

我们可以设想两个夸克和反夸克，包在一段香肠里——但是，移动这个香肠，涉及与香肠长度成正比例的惯性场或有效质量。

——"Mass Varying with Position", Physics 230, 1987
(R. P. Feynman Papers, California Institute of Technology Archives)

我想建造一百万个微型工厂，逐级地互为模型，同时制造。物理学原理嘛，照我看，不与逐个地搬动原子这个可能性相抵触。那也无意于违背任何定律；那是某种在原则上可以办到的事；但在现实上，那还没有办到，因为我们太大了。

——*The Pleasure of Finding Things Out*, p. 134—137

知道光的行为像粒子，是很重要的，尤其对你们那些上过学的人而言，在学校里，有人多半告诉你们光的行为像波那种说法。我现在告诉你们光的行为方式——像粒子。

——*QED: The Strange Theory of Light and Matter*, p. 15

报纸说，曾几何时，只有区区12人理解相对论。我不相信有这么一个时候。或许有一个时候，只有一个人理解，因为他是绝无仅有的一个伙计，抓住了相对论，然后他写了论文。但是，在大家读了那个论文之后，很多人以这样那样的方式理解相对论，为数肯定不止12人。另一方面，我认为我可以打包票地说，没有一个人理解量子力学。

——*The Character of Physical Law*, p. 129

量子电动力学这个理论，从常识观点看，把自然描述得荒诞。但它与实验完全符合。因此，你可照原样接受自然——荒诞。

——*QED: The Strange Theory of Light and Matter*, p. 10

我们第一个试图理解质子的实验，是把它理解为一种复杂的对象，像一块表，以高能把两块这种表撞在一起，看看齿轮之类以什么角度飞出来。这是典型的强子对撞，这涉及两个未知的东西，既是靶子，又是飞弹。

——Oersted Medal acceptance speech, 1972

我们常常在物理学上取得很大进步，手段是意识到某个层面的复杂性，是如下事实的结果：那些复杂性是由另一个层面的简单因素构成的。

—— “Structure of the Proton”, Niels Bohr Medal lecture given in Copenhagen, Denmark, October 1973

[谈夸克的存在]然而，许多理论的争论反对这个观点。这些争论乍一看是很强大的，却似乎导致悖论。但是，一个接着一个，我们学会了怎么可能绕开这些悖论。我们或许正在第一次瞥见货真价实的强子动力学理论。

—— “Structure of the Proton”, Niels Bohr Medal lecture given in Copenhagen, Denmark, October 1973

如果实验一如既往地认定质子里面必有夸克，那么这是理论显然会发展的路数：夸克有三个颜色，因此总数是九。有八种胶子。这个部件听起来复杂，但在数学上是简单的。长程力——听起来简单，在数学上却显得有点不自然。如何解释长程力，有一些建议，如考夫曼（Kauffmann）的，全都好像有点笨拙，缺乏内在之美；我们总期望真相有这种美。但是有时候真相先被发现了，这个真相的美或者“必然性”却是在后来才被看到的。

—— “Structure of the Proton”, Niels Bohr Medal lecture given in Copenhagen, Denmark, October 1973

在我们的八种胶子和九种夸克之外，还会有电子、μ介子、光子、引力子和两种中微子，因此我们仍然会留下好多新粒子，有待于下一代人去分析。他们会发现那些粒子全是由在另外一个层面上的更为简单的原件构成的吗?

——“Structure of the Proton”, Niels Bohr Medal lecture given in Copenhagen, Denmark, October 1973

质子和中子，仅仅是大约多达四百种已知物中的两种。这是一堆可怕的混乱，比门捷列夫时代的化学还糟糕，糟糕大约四分之一或五分之一。

——Caltech lecture on particles, 1973

如果这些预言一直管用，那么你就可以一直说:“是啊，东西实在不是由部分子构成的，但在这个方面，在那个方面，东西的德性就好像是由部分子构成的。”在物理学中，现实就是那样，这个观念甚至符合更广的一类实验。大家以前说东西是用原子构成的，在那个时代，有反对理由，说你从热力学中可以得到相同的结果。只有热力学属性是正确的。在那个特例中，随着实验一直在做，与热力学相比，东西是由原子构成的那个论点果然有大得多的一般性和正确性。

——Caltech lecture on particles, 1973

薄面上光的反射，以及任何其他现象上的光的反射，一直没有一个令人满意的模型。老式的古典观点令人满意:为了描述这些事情，一个合乎逻辑的法术，必得用量子力学的方法办成。

——Esalen lecture, “Quantum Mechanical View of Reality (Part 2)”, October 1984

亚核系统的行为太奇怪，可与大脑进化出来的那种系统相比，大脑要对付非常抽象的分析：要理解冰，你必须理解其本身与冰非常不相似的东西。

—— *Omni* interview, February 1979

但愿他们解释说，此乃他们最好的猜测，但他们很少有人这么说；他们抓住这么一个可能性：或许不存在什么终极的基本粒子吧，说你应该停止工作，而应该对伟大的深奥沉思默想。“你想得不够深啊，首先让我为你定义这个世界。”算了吧，我要去研究世界，才不定义它！

—— *Omni* interview, February 1979

我自我娱乐的方法，总是把量子力学的难处挤到一个越来越小的地方。

—— MIT conference, May 1981

关于量子电动力学，我们目前的看法不完善，这不应该让我们无视已经取得的巨大进展。

—— “The Present Situation in Quantum Electrodynamics”, Solvay conference, 1961

事情原来是这样：在微观尺度上，全部物理学定律都居然是可逆的：在时间中向前，在时间中向后——看起来相同了。但是，全部这些现象（当然很多：生命和煎鸡蛋是两个例子）走一个方向，必须借助于环境的复杂性来得到解释，有那么多粒子混起来了。

——“QED: Electrons and Their Interactions”, the Sir Douglas Robb Lectures, University of Auckland, June 1979

那么，在这个课里，我要讲的东西都是物理学的——是此刻我们所知的全部物理学，外加一大些猜想。因此，与以前的课相比，这个课的涉及面甚至更广，因为我以前仅仅对付两种粒子，如今我不得不对付两打粒子！

——“QED: Electrons and Their Interactions”, the Sir Douglas Robb Lectures, University of Auckland, June 1979

对万事万物，我们有如此大尺度的看法，实乃幸运。我们不必一直为这些小小的原子劳心伤神。

——BBC “Fun to Imagine” television series, 1983

当我们谈论原子的时候，觉得原子的麻烦之一，是原子小得厉害，要想象那个尺度，太难。原子的大小若比为苹果，以相同的比例，苹果可比为地球。这就是很难消受的事。你必须一直在这些事情中穿梭，大家觉得这些数字不可思议，我也觉得不可思议啊！

——BBC “Fun to Imagine” television series, 1983

那是大约在20世纪初，有人发现光的行为其实就是像粒子；在波理论取得重大成功之后，粒子论就是一个巨大的冲击。然后，试图看看粒子怎么能制造波一样的现象，用波很容易解释这种现象，这个问题就成了大家知道的“波粒二象性”。光的行为在星期四像粒子，在星期二像波，那个，当然，不是一个令人满意的理论。

——“QED: Fits of Reflection and Transmission”, Sir Douglas Robb Lectures, University of Auckland, 1979

用量子力学来描述宏观的东西，其大胆，其新颖，我记忆犹新。

——Letter to Dr. Scully, February 1974

随着我们进步，如果只允许我们保持不确定的态度，我们将把机会留给另外的路子。我们不会兴高采烈地求事实、求知识、求目前的绝对真理，而会一直不确定。为了取得进步，我们必须向未知之事敞开门。

——*The Pleasure of Finding Things Out*, p. 114—115

但是，好科学家与众不同的一个品性，是他们通常不像其他人那么自信。他们守着稳定的怀疑过日子，认为“事情或许是那样”，并照此行事，他们总是知道事情仅仅是“或许”。

——Interview with *Omni* (*The Pleasure of Finding Things Out*, p. 200)

小尺度的东西的行为，太怪异了！它太奇妙而不同！

——BBC “Fun to Imagine” television series, 1983

当相对论和量子力学的那些新观念在本世纪早期发展起来的时候，显得太怪异，许多保守之人希望最终证明那都是错的；但是，后半个世纪的实验，力度、范围和精确性更大，却无一例外地肯定之。

——“Structure of the Proton”, Niels Bohr Medal lecture given in Copenhagen, Denmark, October 1973

我一直努力解释说，对相对论的改善，起初或多或少是直截了当、半经验地胡闹。然而，每一次我都会有所发现，我会回去，我会用许许多多方法来检查相对论，把它和与以前在电动力学中（后来是在弱耦合介子理论）中已经得到解决的每个问题做对比，看看相对论是否总是符合，如此等等，直到我绝对确信各种规律和常态（我炮制的，用来简化全部研究）的真实性。

——From *Nobel Lectures, Physics 1963—1970*, Elsevier Publishing Company, Amsterdam, 1972

别人立刻反对的，我从来不反对，你知道。全部的书都会说，我们不能用超前波，因为那意味着结果跑到原因的前面。但是，像那样的事儿，从来不叫我心烦。我才不管那种该死的事儿。我从来不必以原因和结果的方式想任何事情。

——Interview with Charles Weiner, March 5, 1966 (Niels Bohr Library and Archives with the Center for the History of Physics)

[谈量子力学]因为它跟我们全部的常识作对，我们就不

能假装理解它。我们充其量只能描述在数学和方程式中发生了什么事情，那是很难的。更难的事情，是判断方程式是什么意思。那是最难的事情，但那正好把核物理学这个行当搞得如此令人兴奋。我为什么从事这个，理由在此。没有人会诚实地说这会导致实用知识。我们不能说我们会得到一种新能源。我们搞核物理，是因为能量。我们搞它，是因为我们擅长，是因为那是想象力的一种大冒险。

——BBC, "Horizon: The Hunting of the Quark", May 1974

大家习惯于认为原子是很小的，那是测量的极限，但在目前，早有了新仪器和新设计，我们可以制造仪器，来考验这个说法。如今可以这样说距离是怎么个东西：如果原子的一边是100千米，那么我们就量得出一厘米的精度。

——"QED: Photons—Corpuscles of Light",
The Sir Douglas Robb Lectures, University of Auckland, June 1979

做这些粒子实验是容易的——分析实验结果的意思，要难得多。两个微型汽车，以高速迎头相撞，弄出了一辆劳斯莱斯，或者两辆劳斯莱斯撞出了一辆摩托车——你怎么思量这个事儿？

——BBC, "Horizon: The Hunting of the Quark", May 1974

米歇尔·费曼与卡尔·费曼提供照片

除非你理解和赏识我们时代的这种大冒险，否则你就理解不了科学与任何事情的关系。除非你理解这是一场巨大的冒险，一个令人兴奋的狂野之举，否则你就不算生活在你的时代。

——"The Uncertainty of Science", John Danz Lecture Series, 1963
(*The Meaning of It All*, p. 9)

教学生扬弃以往的东西，带着一种平衡感，需要相当的技巧，此事必要。

——National Science Teachers Association Fourteenth Convention lecture, "What Is Science?", April 1966

全部研究者的结论是：世界上的所有人都蠢到家了，告诉他们任何事儿的唯一办法，是持之以恒地羞辱他们的智力。

——"The Unscientific Age", John Danz Lecture Series, 1963
(*The Meaning of It All*, p. 85)

做任何行动决定，其时你不得不拿定主意要干什么，总涉及一个"应该"；单看"如果我干这个，何事会发生？"，你鼓捣不出"应该"。你说："对极了，你看着会发生什么，然后断定你想要它发生，还是不想。"但是，到了最后这一站，你想要它发生，还是不想，决定此事，却是科学家帮不上忙的一个步骤。

——"The Uncertainty of Science", John Danz Lecture Series, 1963
(*The Meaning of It All*, p. 17)

我认为，说科学是有问题的，是一种夸张。那更是人道的问题。如何产生力量，这个事实是清楚的，但如何控制力量，不清楚——这个事实，不太是科学问题，是科学家所知不多的某种事情。

——“The Uncertainty of Science”, John Danz Lecture Series, 1963
(*The Meaning of It All*, p. 7)

对世界，我有大量不舒服的感觉。

——“The Unscientific Age”, John Danz Lecture Series, 1963
(*The Meaning of It All*, p. 61)

老百姓的态度，是努力找到某个答案，而不是努力找到一个人，这个人有找到那个答案的方法。

——“The Unscientific Age”, John Danz Lecture Series, 1963
(*The Meaning of It All*, p. 66)

你有偏见，认为读心术极端不可能，这不意味着你可能永远不相信某个人确实能猜透别人的心思。

——“The Unscientific Age”, John Danz Lecture Series, 1963
(*The Meaning of It All*, p. 71)

我乐意指出，人不诚实。科学家一点也不诚实，一样的。说别的没用。没有人诚实。科学家不诚实。大家通常相信他们诚实，这把事儿搞得更糟。我说的诚实，意思不是你只讲真话。我的意思是你得把整个情况摆在光天化日之下。你为别人把所需要的全部信息放在明处，他们聪明，让他们自己拿主意。

——“The Unscientific Age”, John Danz Lecture Series, 1963
(*The Meaning of It All*, p. 106)

谁是巫医？当然是精神分析家和精神病学家。如果你看他们在无限少的时间里鼓捣出来的全部复杂观点，如果你比较一下任何其他科学一个接着一个费了多长时间搞出那些观点；如果你考虑全部这些构造、发明以及复杂的东西，本我和自我，张力和力量，这些拉拉扯扯，我就告诉你，它们不都能是真东西。一个大脑，或者几个大脑，在如此短的时间里，炮制出这么多东西，那是太过分了。

——“The Unscientific Age”, John Danz Lecture Series, 1963
(*The Meaning of It All*, pp. 114—115)

报纸文章和普及书籍，“解释”最新观点，采取的方式趋向于简化，以便大众易于理解；但是，那样理解的东西，是错误的；有时候，错的仅仅是一点点，但那足以让你避之唯恐不及。

——Letter to student Charles E. Tucker, April 1967

在现代社会，要找到科学文化的合适存身之地，不是解决现代社会的那些问题。有大量问题，与科学在社会中的地位关系不大；如果你认为，但愿你真那么认为，即干脆单方面决定科学和社会如何理想地契合起来，这就能以某种方式解决全部问题，那是做梦。

——Galileo Symposium，“What Is and What Should Be the Role of Scientific Culture in Modern Society”，September 1964

我们时不时地想把这种世界观传达给我们的非科学界朋友，但我们经常遇到困难，要为他们解释最近的问题，如CP[1]守恒的意思，但他们不知道最初级的东西。自从伽利略以来四百年，我们积累了关于世界的信息，他们不知道。

——Galileo Symposium，“What Is and What Should Be the Role of Scientific Culture in Modern Society”，September 1964

大多数人，绝大多数人，对研究他们身处其中的这个世界的科学，是悲惨地、可怜地、绝对地无知，他们就能一直那样，我的意思不是偏要惹他们，我们的意思是他们居然能一直自甘无知，并不烦心——只是悠然自得地——他们时不时地看到报纸提到CP，他们就问那是什么玩意儿。关于科学与现代社会的关系，一个有趣的问题——他们为什么可能悲惨地自甘无知，还能颇有道理地在现代社会里优哉游哉，错过那么多的知识？

——Galileo Symposium，“What Is and What Should Be the Role of Scientific Culture in Modern Society”，September 1964

---

[1]CP 表示电荷宇称。物理学家一度相信，关于一个粒子和一个反粒子的物理学定律是一样的，只要你使这两个粒子在位置上对称；但是，詹姆斯·克罗宁（James Cronin）和瓦尔·菲奇（Val Fitch）在 1964 年发现这个猜想不正确，为他们赢得了 1980 年的诺贝尔物理学奖。

因为我想让伽利略看看我们的世界，我就必须让他看个事儿，怀着满腹羞耻。如果我们把眼光从科学那里扭开，看看我们周围的这个世界，我们就发现某种相当可悲可怜的事儿。我们身处其中的环境，是活跃而极度地不讲科学。

——Galileo Symposium, "What Is and What Should Be the Role of Scientific Culture in Modern Society", September 1964

我相信科学仍然处于靠边站的位置，因为我们干等着有人问我们问题，或干等着被请去给人讲爱因斯坦的理论，而那些人连牛顿的力学都不懂，但没有人请我们去攻击信念疗法或者占星术，以及今天科学对占星术的看法。

——Galileo Symposium, "What Is and What Should Be the Role of Scientific Culture in Modern Society", September 1964

我相信我们应该要求大家，用自己的脑筋，努力为自己获得一幅更逻辑一贯的图景。人们不准自己有这么一种奢侈，即把自己的大脑切成四块或者两块，一方面他们相信这个，另一方面他们相信那个，但人们从来不准备把两个观点比较一番。因为我们已经知道，通过把我们有的许多观点在我们的脑袋里放在一块儿，一个一个地比较，我们在理解上就取得一些进步，也能充分认识到我们在哪里，我们是什么。

——Galileo Symposium, "What Is and What Should Be the Role of Scientific Culture in Modern Society", September 1964

我认为我们身在一个不讲科学的时代。通信和电视解说词、书本等，几乎其全部的咋咋呼呼，都是不科学的。那不意味着那些东西是坏的，那仅仅是不科学的。因此，打着科学的旗号，存在大量智力暴君。

——National Science Teachers Association Fourteenth Convention lecture, "What Is Science?" , April 1966

大家认为专家知道他们在干什么。但大多数专家，无论是股票、教育、社会学专家，还是心理学一些分支的专家，其所知并不比常人更多。他们搞研究，遵循固定的方法，搞出了一些结果。

——*U.S. News and World Report interview*, February 1985

宣传，乃一邪恶之事——一旦它开始运作——干这行的人，就不知道什么时候停下来，把事儿搞得越来越大。

——Letter to Jeanne Henry, July 1974

尽管你说："我希望我尽可能扩大知名度，我受得了。"我个人受不了，我的希望是恰恰相反。你和我都需要打点折扣。

——Letter to Jeanne Henry, July 1974

我仔细读了你的文章，我必须说，关于我们做了什么才获得了诺贝尔奖，《巴基斯坦观察家》(*Pakistan Observer*)发表了最好、最清楚的文章之一。对真实情况的实情或解释，全部大报，全部大新闻系统，确实无意于说出什么东西。还得麻烦一份地方报纸，一个确实明白事儿的人，写一篇通晓事理的严肃文章，不只是满篇阿谀奉承和鸡毛蒜皮。

——Letter to Dr. A. M. Harun ar Rashid, November 1965

用我来创立你自己的公司，那不公平。

——Letter to Jeanne Henry, July 1974

停止科学的路子之一，是仅仅在你知道那个规律的范围内做实验。

——*The Character of Physical Law*, p. 158

我有一个观点，科学传统不是对或者错——传统脆弱。科学思想传统，我认为它很脆弱，也很容易丢失，我认为科学确实有价值。科学涉及的观点、客观性、做事的方法，是有价值的，明白吧？因此，我认为科学有价值，认为科学可能被摧毁。科学可能被摧毁，因为只剩下那些没有科学传统的人，会有一些权力。

——Interview with Charles Weiner, June 27, 1966
(Niels Bohr Library and Archives with the Center for the History of Physics)

大家有这么一种感觉：科学家比别人知道得多。那不是真的。那就像《绿野仙踪》似的。你在身后看他，你看到他是一个普通的伙计，跟你一样。

——Interview with Charles Weiner, June 28, 1966
(Niels Bohr Library and Archives with the Center for the History of Physics)

如果成功来自采取一种科学态度，那么一个国家或许就得到了鼓励，向前走，在关于科学自身的那些问题中，就形成一种良性循环。

——MIT centennial, “Talk of Our Times”, December 1961

科学有什么价值吗？我认为一种做事的力量是有价值的。那结果是好事还是坏事，依赖于如何使用科学，但那种力量是一种价值。

——“The Uncertainty of Science”, John Danz Lecture Series, 1963
(*The Meaning of It All*, p. 6)

Mathematics
数学

理查德·哈特（Richard Hartt）摄影
加州理工学院提供照片

我希望那边的女士们和先生们知道一些这号数学。数学不仅仅是你们都错过了的逻辑和精确性——数学也是诗啊。

——BBC interview, "A Novel Force in Nature"

看看这里的这个小巧玲珑的方程式。它告诉我一个电子能够在一个原子里恬然自得或者绕着转的全部方式。那是电子的逻辑。关于电子的诗，是这个方程式告诉我金子怎么就熠熠生辉，石头怎么就硬，什么使草绿，以及为什么你看不到风。还有一百万件其他的事情，都是关于自然的运作方式。

——BBC interview on the gauge theories, "A Novel Force in Nature"

那不是一个意外的大数，不像是地球的体积比跳蚤的体积那个比值那样的大数。

——Audio recording of *Feynman Lectures on Physics,* Lecture 7, October 17, 1961

矢量，如有确定方向的推力，或者有确定方向的速度，或者有确定方向的运动——表示在纸上，是一个箭头，指着那个东西的方向。

——*Feynman's Tips on Physics,* p. 23

你知道，所谓"深奥的"数学非常难，此说不真实。拿计算机编程说事儿吧，那需要仔细的逻辑——那种思维，爸爸妈妈会说只有教授才有。嗨，编程如今是一些日常活动的一部分，是一种谋生的路子；孩子们感兴趣，搞了一个计算机，在鼓捣最发疯、最好玩的玩意儿！

——*Omni* interview, February 1979

但你看，打从开始我就不扎堆。我一直想发现一个公式，把一些整数加起来，因为是我想要那个公式。我不在乎；那个公式对我也不重要；希腊人搞出了那个公式，甚至公元前2000年的巴比伦人就搞出了，这一点也不是我的兴趣所在。但是我从我的问题中得到乐趣。事情总是那样的。我总是玩我自己的那种我行我素的游戏。

——Interview with Charles Weiner, March 4, 1966
(Niels Bohr Library and Archives with the Center for the History of Physics)

对那些不懂数学的人而言，要越过门槛感受到自然的美，那最深刻的美，是挺难的。斯诺（C. P. Snow）谈过两种文化。我确实认为那两种文化把人分开了；有人对数学理解得很好，能赏识自然之美，有人不是如此。

——*The Character of Physical Law*, p. 58

代数、微分和积分里的错误，仅仅是胡扯；在你试图分析某事的时候，那些错误仅仅烦恼物理学，烦恼你的脑筋。你计算，应该能尽可能地快，错误最少。那除了机械地练习，不需要其他的——那是唯一的办法。

——*Feynman's Tips on Physics*, p. 19

想法是这样的：我们想看看动量在内部的部分子上的分布。想象一群蜜蜂朝你飞来。假设你从蜂群那里散发雷达。不同的蜜蜂有不同的速度，当你从它们身上散发雷达的时候，你就看到一群移动的蜜蜂发出的清一色电波的多种频率的分布，你可以得到蜂群内部的那些蜜蜂的分布动量。

——Caltech lecture on particles, 1973

数学是一种语言，外加推理；它像一种语言，外加逻辑。数学是一种工具，用来推理。

——*The Character of Physical Law*, p. 40

欧几里得说："通往几何学，皇家也没有专用道。"没有什么皇家的专用道。物理学家也不能把数学转换成其他语言。如果你想了解自然，欣赏自然，那就有必要理解自然说的语言。自然仅仅以一种形式提供其信息；我们不会狂妄到要求大自然做出改变来迎合我们的意愿。

——*The Character of Physical Law*, p. 58

因此，我对与物理学相关的数学行当越来越感兴趣。此外，数学本身对我也有吸引力。我一生爱数学。

——*The Pleasure of Finding Things Out*, p. 228

要成功地运用数学，你必须具备某种心智态度——要知道，看任何问题，看任何话题，存在许多方式。

——*Perfectly Reasonable Deviations from the Beaten Track*, p. 447; Engineering and Science, p. 10, March 1965; “New Mathematics”, written for the California State Department of Education, 1965

对某个难题，你需要一个答案：问题是怎么得到答案。能够成功运用数学的人，其实是一个发明家，能在特定情况中获得答案的新方式。

——*Perfectly Reasonable Deviations from the Beaten Track*, p. 447

什么是得到解决问题的最佳方法？答案是，任何管用的方法。

——*Engineering and Science*, p. 10, March 1965

在我看来，数学不是一种科学，这意思是数学不是一门自然科学。数学是一种非自然的科学，或许吧。

——Audio recording of *Feynman Lectures on Physics*, Lecture 3, October 3, 1961

取极限的最终结果，仍然用另外一种方式写成ds/dt。现在，事情搞得更抽象了。这些ds又没分开。如果我让你把它们称作时间和距离的一个极小极小的小不点，数学家们会对我生气。但那很管用，你可以用它。如果你设想这俩东西比任何东西都小，那么你就想对了。

——Audio recording of *Feynman Lectures on Physics*, Lecture 8, October 20, 1961

你可以自己鼓捣出积分表，手段是搞微分，你对每一个式子求微分，直到你脸色苍白；然后，把你的结果左右倒过来看，你就得到积分表。

——Audio recording of *Feynman Lectures on Physics,* Lecture 8, October 20, 1961

在数学中，样样事情可以得到定义，然后你就不知道你在谈什么——其实，数学的光荣，正是你不知道你在谈什么。光荣在于定律、论点和逻辑是独立不依的，无论你谈的是什么。

——Audio recording of *Feynman Lectures on Physics,* Lecture 12, November 7, 1961

我从来不能把符号写对——你可能也是那样，到末了，你能咂摸出来。

——Audio recording of *Feynman Lectures on Physics,* Lecture 13, November 10, 1961

在我计算的时候，我总是左检查、右检查，因为我出错太多了。检查的方法之一，是弄数学要十分仔细；另一个检查方法是，一直盯着得数是否合乎情理，是否描述真发生的事儿。

——*Feynman's Tips on Physics*, p. 63

我干这号事儿，貌似不费吹灰之力，那是假的：我发誓，我干了不止一次，然后才搞对了！

——*Feynman's Tips on Physics*, p. 62

记住，无论什么时候你埋头于数学分析，你都总可以用算数来办它！

——*Feynman's Tips on Physics*, p. 82

我知道，几何学的大难题之一，是把一个角三等分。因此，学这些鸡零狗碎，去它的个鬼，我们要前进，要搞重大问题，你明白！那才是学习的路子——我告诉你。

——Interview with Charles Weiner, March 4, 1966
(Niels Bohr Library and Archives with the Center for the History of Physics)

那不是什么了不起的事情，那仅仅是我在数学上十分麻利。数学操作，像是一个伙计能在脑袋里很快地搞算数。就是那种事儿。能那么干，很有用处。

——Interview with Charles Weiner, March 5, 1966
(Niels Bohr Library and Archives with the Center for the History of Physics)

我不能赌博。我理解输赢的数学。我坚信那些游戏想必是公平的，都是诚实的。如果那些游戏是诚实的，那就不算游戏了，因为那仅仅是一个骰子怎么滚的问题，那对我来说就无趣了。那就仅仅是偶然的。

——Interview with Charles Weiner, June 27, 1966
(Niels Bohr Library and Archives with the Center for the History of Physics)

我不知道为什么数论在物理学中派不上用处。我们却似乎需要连续变量、复数和抽象代数的函数那种数学。

——Letter to Mr. Robert Boeninger, May 1969

正如我告诉你的，我理解数学理解得不很好，我必得有物理学的例子，但那仅仅是我的脑筋的工作方式。

——Letter to Bert and Mulaika Corben, 1948

设想我懂几何，想做一根和50平方尺正方形对角线一样长的木棍，我想算算它究竟该多长。我也不是专家啊，算出来个无穷大；如果不是呢，那是零？两个结果都是没意义的扯淡嘛；我们又不是搞哲学，我们是干真事儿的。因此，实在没办法了，我直接量量得了——瞧，它接近七英尺——既不是无穷大，也不是零。因此，我们量这类东西，因为我们的理论给我们的数接近于我们的测量。我们在踅摸能提供50的平方根的那个算式。

——Letter to Barbara Kyle, October 1965
(*Perfectly Reasonable Deviations from the Beaten Track*, p. 152)

今天的数学家们觉得有趣的东西，我不感兴趣。

——Letter to Dr. John A. Wheeler, May 1966

在实际事儿中，集合论有时候用到，但不常用。它最大的用处和美，显然是在数学的逻辑基础的研究中。

——Letter to Alexander Calandra, September 1965

一个纯粹的数学家是很不实际的——他对数学符号、字母和观念的意义不感兴趣（他其实是故意漠然置之），只对公理的相互联系感兴趣，而使用数学的人必须理解数学对真实世界的联系。

——“New Mathematics”,
written for the California State Department of Education, 1965

数学用得最好的那些人，其实是新路子的发明家，他们能在特定情况下获得答案。

——“New Mathematics”,
written for the California State Department of Education, 1965

对付一个问题，方法有许多；但是，非常不幸，也有对付问题的确定的、大家知道的固定方法。我们过去一直只教导对付算数问题的仅仅一个固定方法，却不教导脑筋的灵活性；就是说，把一个问题写下来的五花八门的方法，思考那个问题的一些可能的方法，以及领会那个问题的可能方法。

——“New Mathematics”,
written for the California State Department of Education, 1965

为了运用数学，你必须对数学对象与真东西的关系有一个较深的理解，这种较深的理解与下面这种趋向是相反的：让全部不同种类的数学应用代表相同的东西。

——“New Mathematics”,
written for the California State Department of Education, 1965

从专业上严格地说，但愿大家知道，关于数学基础的理论，其状态不完全令人满意，涉及一些非常重大的混乱。

——“New Mathematics”,
written for the California State Department of Education, 1965

我或许可以提一下，在十进制之外，为什么要注意一下不同的进位制。目的只是再次加强数学体验。跟孩子们讲清楚：十进制是人类历史的偶然之事，10这个数字没有任何特别之处。

——"New Mathematics",
written for the California State Department of Education, 1965

假如我谈过数学，我该是已经回答了你。数学寻找模式。

——National Science Teachers Association Fourteenth Convention lecture,
"*What Is Science?*", April 1966

因此他知道全部的算数，他很擅长算数，我很难对付他。我就一直练习。我们常常来一个小比赛。每次我们计算某种东西，比赛谁先得到答案，他先我后，我就输了。几年后，我开始偶尔一赢，大体是四次赢一次。你必须注意数，你知道——我们各自都以不同的方式注意数。我们为此得到不少乐趣。

——On his experience with the Manhattan Project,
"Los Alamos from Below", 1976

当然，你会注意一个数的有趣之处。举例说，你算174乘以140。你注意到，1.73乘以1.41近似于3的平方根乘以2的平方根，即6的平方根，数是2.45。但你必须记得一些数，你知道，每个人记忆的方式不同——我们玩得不亦乐乎。

——UCSB talk, "Los Alamos from Below", February 1975

有这样的一些高僧，能预测金星；普通人会设想说：“老天爷，他们怎么能办这个事儿？这是奇迹啊，吓死我了，我学不会算数，这不可能。”如此等等。如果古时候有人在乎教学法，就是说，僧人卖力向老百姓解释他们在干什么，他们可以解释说，他们仅仅在计算，或者相当于计算的事儿。

——Esalen lecture, “Quantum Mechanical View of Reality (Part 2)”, October 1984

我会让你看明白，如何搞这些计算，好像探囊取物！

——Esalen lecture, “Quantum Mechanical View of Reality (Part 2)”, October 1984

能够从这个观点得来的全部东西，我认为我们都懂了；我们在这个世纪发现的东西，非常不同，非常晦涩，未来的进步将需要大量数学。

——*Omni* interview, February 1979

我不相信如下看法：只有几个人精懂数学，其他芸芸众生平庸无奇。数学是人类的一种发现，它不比人类能够理解的东西更复杂。

——*Omni interview*, February 1979

数学仅仅是一种语言。

——In personal notes

数学可以允许迥然不同的出发点。

——In personal notes

几何学的规则，是数学家研究的东西，而数学家试图发现你可能发现的全部对象都遵守那些规则！规则本为数苹果而造出来；通过使用负数，事情得到了改善；通过发明分数，事情又进一步改善了。

——“QED: Fits of Reflection and Transmission”,
Sir Douglas Robb Lectures, University of Auckland, 1979

[谈复数]数学家搞的这种发疯数字的全部数学，在物理学中却没有任何东西与之相关；有趣的是，对使用这种可笑数的基本物理学规律而言，这种数学却至关重要。

——“QED: Fits of Reflection and Transmission”,
Sir Douglas Robb Lectures, University of Auckland, 1979

今天，我们变得非常老练了。早期，数学才刚得到发展，据说数是与你数苹果、数人、数诸如此类的东西相似的东西；那么，半个人，这个观念有些成问题了，但如今一点难处也没有：我们听说某地区每平方英里有3.2人，没有人对此有任何道德上不舒服的感觉，没有血淋淋的感觉。

——“QED: Fits of Reflection and Transmission”,
Sir Douglas Robb Lectures, University of Auckland, 1979

用π、2、5等等鼓捣，你能搞出多少数字，你会吃惊；如果你没有什么东西做向导（答案除外），你甚至也能够搞出几个小数位，方法是磨蹭得合适。通过鼓捣像π这样的可爱的数，你能把任意数搞得近似，近似得令人吃惊。

——“QED: New Queries”，
Sir Douglas Robb Lectures, University of Auckland, 1979

现在，你说，那是办事的正确方法吗？没有的事儿！干任何事情，都没有什么“正确”方法。做事的某一种特别方法或许是正确的，但那不是唯一正确的方法。

——*Feynman's Tips on Physics*, p. 58

回顾这项研究，我只觉得遗憾，花费了巨量的物理推理和数学重复表达，到头来那仅仅重复表达以前已知的东西，虽然其方式对计算具体问题要有效得多。如果完全在一种更有效表达的数学框架内工作，事情难道不会更加简单得多吗？似乎肯定会是这样，但是我必须说，本来对付的那个问题（多半仍然不曾解决）是要避开那个理论的无穷大问题。因此，要搞出一个新理论，而非仅仅是对旧理论的修正。虽然这种求索是不成功的，但我们应该看到这个问题在发展一种新理论中的物理学观念的价值。

——From *Nobel Lectures, Physics 1963—1970*, Elsevier Publishing Company,
Amsterdam, 1972

我在高中时，我们有一个几何小组，我在几何小组。那是一个叫人着迷的东西。我们和另一个学校比赛。他们从一个信封里拿出一些问题，那是某人在某个地方编的，他们会宣布，“这个问题是45秒钟”，或者也可能是“两分半钟”，他们把题目写在黑板上。你有15秒钟思考，然后你像个魔鬼似地运算，你在答案上画个圆圈。你怎么得到答案，那无关紧要。这是我喜欢的事儿。我常常练习做这种事情，我做得就越来越快。快快地做几何，这个本事后来变成了快快地计算的本事，总把我置于有利境地。

——Interview with Charles Weiner, March 5, 1966
(Niels Bohr Library and Archives with the Center for the History of Physics)

在我看来，如果你说$2^x=32$，我知道这是什么意思。x总代表某个数，因此如果这个数碰巧作为一个指数在那里，那就有所不同吗？我的意思是，我们知道指数的事儿。那就把这个问题搞得有所不同吗？

——Interview with Charles Weiner, March 4, 1966
(Niels Bohr Library and Archives with the Center for the History of Physics)

我在麻省理工学院的时候，我读我不懂的那些领域的书，如广义相对论之类——甚至在百科全书里，我也能从文章中披沙拣金——在静电学中，我似乎有一种披沙拣金的感觉，但等到要计算一个椭球聚光器的电容量，这很复杂，我理解不了，我也不心烦。我知道那个不如平方反比定律有趣。什么是重要的，什么是不重要的，我有办法知道。

——Interview with Charles Weiner, March 4, 1966
(Niels Bohr Library and Archives with the Center for the History of Physics)

在我上学学到表示分数的小数之前，我爸爸就教我π，还解释小数。知道吧，我在算数方面确实出类拔萃。我记得他告诉我，说 π 是一个伟大而奇妙的神秘数字。万事万物总像是大戏——全部的圆，周长与直径的比值总是一样的；这个怪数，意义非常重大，是一个神奇数字。因此，π 好像是用金子写的一样，你知道。

——Interview with Charles Weiner, March 4, 1966
(Niels Bohr Library and Archives with the Center for the History of Physics)

纯粹数学仅仅是从真实世界来的一种抽象，纯粹数学确有一种特别的语言，用来对付它自己的那些特别的、专业的问题。但是，这种精确的语言，如果你用来对付世界的真东西，就无论如何不精确，它就仅仅是迂腐，用起来也相当令人困惑；有些特别微妙的事情，必须仔细甄别出来，那另当别论。

——“New Textbooks for the ‘New’ Mathematics”,
Engineering and Science 8, no. 6 (March 1965): 9—15 at 14

Technology
技术

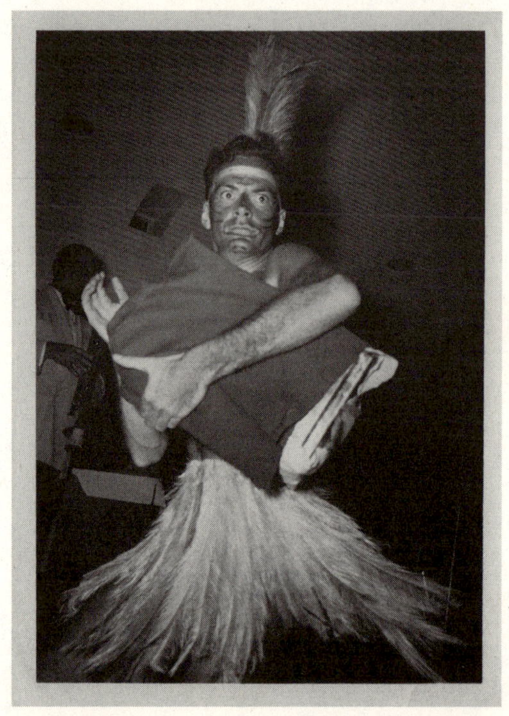

米歇尔·费曼与卡尔·费曼提供照片

有一种计算机病，用计算机工作的人都知道这病。那是一种严重的病，它完全妨碍工作。计算机的麻烦，是你用计算机“玩儿”。

——*The Pleasure of Finding Things Out*, p. 81; *Surely You're Joking, Mr. Feynman!*, p. 127; *Classic Feynman*, p. 146

正确的答案，必得以实验定夺，纯思辨是没有用处的——但我无能于做实验，我在飞机上也无法不想入非非。因此，我喜欢根据我的纯思辨告诉别人事儿，仅为乐趣，那意思不是我认为那些事情必然是那样，而只为乐趣，寻思事情可能有多么令人兴奋。

——Letter to Edwin H. Land (Polaroid Corporation), May 1966 (*Perfectly Reasonable Deviations from the Beaten Track*, p. 221)

然而，计算机不如人。计算机需要人告诉它干什么事儿，要告诉得无微不至。有朝一日我们或许会有能对付大体的任务描述的那种机器，但与此同时，该如何告诉计算机做事，我们就不得不非常地小心翼翼了。

——*Feynman Lectures on Computation*, p. 3

[谈量子计算机]真得担心的，不是绝对能量，而是丧失的能量——就是说，产生混乱和无序的自由能。这种忧虑，好像某人关于我的原子计算机说的话。你估计了能量，他说，但你忘了制造这种计算机要花费多少能量。好吧，让我

们假定那是全部原子的mc^2。但是，在我计算了100年之后，我会把那些能量弄回来。

——“Tiny Computers Obeying Quantum Mechanical Laws”, *New Directions in Physics: The Los Alamos 40th Anniversary Volume*, 1987

我想谈这么一种可能性：会有一种一丝不苟的模拟，计算机会做跟自然一模一样的事。如果此事得到了证明，这类计算机已经得到解释，那么发生在一个有限时空中的万事万物，以有限数目的逻辑运算，将必然能被分析得一丝不苟。

——“Simulating Physics with Computers”, *International Journal of Theoretical Physics*, May 1981

计算机和计算机思维的发现，在人类推理的许多分支中，结果极具用处。比方说，在我们费力让一台能理解语言的计算机工作之前，我们实在不知道我们对语言、对语法，以及全部那种东西的理解有多么差劲。

——MIT conference, May 1981

[谈“挑战者号”航天飞机爆炸]这个危险在以前不曾导致灾难，这个事实不保证它下一次也没有灾难，除非完全理解这个危险。

——“Feynman Takes NASA to Task”, *Pasadena Star News*, June 11, 1986

一台计算机，是一个高级的、超速的、现代化的文档管理员。

——*No Ordinary Genius*, p. 183

把机器造得小一些，总是更好；问题是，按照自然规律，到底能把机器造得有多么小。我不想讨论在将来这些小机器究竟是怎么个东西，那要看我们有什么经济问题和社会问题，我们不想猜测那都是什么问题。

——"The Computing Machines in the Future", Nishina Memorial Lecture, August 1985

望远镜的原理，是把来自较大面积的光集中在较小面积上，因此我们能看到较弱、光线较少的东西。

——BBC "Fun to Imagine" television series, 1983

优良的机械对建造优良的设备至关重要，物理学需要精确而仔细的测量以发现自然规律。

——Letter to Raymond Rogers, January 1966
(*Perfectly Reasonable Deviations from the Beaten Track*, p. 208)

已经有大量的研究工作在试图开发更聪明的机器；更聪明的机器与人类的关系更好，因此花费较少的努力，即可输入和输出，目前却必须有复杂的编程。此事名曰人工智能，但我不喜欢这个名字。不智能的机器或许能比智能机器干得更好。

——"The Computing Machines in the Future", Nishina Memorial Lecture, August 1985

关于时间的某种可能性，我提到一件事——事物不仅受过去的影响，也受将来的影响；因此，何者可能，何者不可能，是某种意义上的“幻觉”。我们只有来自过去的信息，我们试图预言下一步，但其实那依赖于最近的未来，我们触及不到最近的未来，触及不到诸如此类的东西。

——MIT conference, May 1981

还是为乐趣，为智力的愉快，我们可以设想机器小得只有几微米，里面又有齿轮，又有电线，全部东西都用电线互相联着，用硅联接，因此这东西是一个整体，一个非常大的设备，不像我们目前那种僵硬的机器的那种笨拙的动法，而是行云流水像天鹅的脖子，那毕竟是一大些小小的机器，细胞似地互相联接，全都以平滑的方式得到控制。我们自己为什么不能那么干呢？

——“The Computing Machines in the Future”,
Nishina Memorial Lecture, August 1985

[谈调查“挑战者号”航天飞机爆炸]我在这次会上了解的主要事情，是公众质询效率低下：大多数时间，别人在问问题，问的是你知道答案的问题——或者是你不感兴趣的问题——你给搞得满头雾水，你很难仔细听了，重要之处就滑过去了。

——“Feynman: Frustrated by the Slow Pace of Probe”,
Pasadena Star News, January 29, 1989

我不想造机器，我想做实验，或者思考关于实验的事儿。我不想仅仅造机器。在那些日子，大家常常做的事情，是造机器，不做那么多实验。他们就接着造另一台机器。另外的人照着造机器，凭着经验，然后就用机器。那就是那时候的事儿。如今，他们终于成了领军人物，因为他们总有最给力的机器，但实验是最稀松的。别的人会总是造相同能量的机器来做很好的实验。但是，更晚些时，他们造了大机器——虽然别人或许也造——他们把活儿做得非常、非常好。

——Interview with Charles Weiner, June 28, 1966
(Niels Bohr Library and Archives with the Center for the History of Physics)

理解鸟怎么扇翅膀，羽毛是怎么设计的，以便造飞机，是不必要的。理解猎豹腿里的杠杆系统，就是说，那种跑得快的动物，以便造汽车，带轮子，也跑得非常快，是不必要的。因此，无微不至地模仿自然的行为，以便鼓捣一个装置，在若干方面还比自然的能耐大，是不必要的。

——“The Computing Machines in the Future”,
Nishina Memorial Lecture, August 1985

你可曾扪心自问：你是用什么构成的？如果你答，骨肉啊，我就问你骨肉是用什么构成的？——你会说分子、蛋白，甚至DNA。那些分子是用什么构成的？——原子：我们整个是一堆原子。

——BBC, “Horizon: The Hunting of the Quark”, May 1974

War
战争

米歇尔·费曼与卡尔·费曼提供照片

世道给搞成这个样子，人人有责，但要想出一个办法避免给搞成这个样子，我们的理智不够。

——"900 at Caltech, JPL Declare Support for Nuclear Arms Freeze", *The Los Angeles Times*, October 16, 1982

大家说，事后"你有负罪感吗？"不，因为当其时也，我思考过世界的严峻局势，思考过造原子弹的可能性，思考过如果对方造了出来、我们没造出来会导致的危险；在我看来，事情似乎绝对清楚：我们必须动真格的，去拯救世界，免于另外一种可能的情况。这话是真的，后来证明对方的事儿办得不很好，但人在当时，早知如此，门儿也没有，因为对方可能把事儿办成。我们证明那是可能的。因此，对方会造原子弹，此事并非不可能；如果他们造得出来，事不谐矣。

——Interview with Charles Weiner, March 5, 1966 (Niels Bohr Library and Archives with the Center for the History of Physics)

话说回来，大规模释放能量，此事可能。如今常有人说科学造了原子弹，那不对。造原子弹的，是工程啊。造原子弹的理由，是战时的军事理由。科学家们为此忙活，这不假，但他们在那个时候不是为科学忙活，他们是战时的工程师。他们被人从实验室里拖出去了，好去干那个。

——*Perfectly Reasonable Deviations from the Beaten Track*, p. 421

战争灾难的进一步的结果，或许是大家对物理学产生普遍的敌意；这是破坏引起的结果，大家或许指责科学家，因为科学家使破坏变得可能。

——MIT centennial, "Talk of Our Times", December 1961

我参与的那些事情，我不要荣誉，我倒希望有机会讲述在那些事情中也被创造出来的一些希望和价值；如果战争问题可能得到解决，就会有那些希望和价值。

——Notes on the atom bomb

元素的裂变与能量的释放，在这种战争中的明智教益，再一次强调：科学发现本身，永远不能说是好或者坏。我们用那些发现来干什么，问题是这个。科学赋予我们力量。我们能够利用科学来促进善，或者怂恿恶。核能的释放，是最巨大力量的释放。那有潜在的巨大价值，或者说我们也看到了，那种价值能够大于破坏。

——Notes from Los Alamos

因为知识可用于战争，而战争很坏，但通过压制知识来阻止战争，却没有什么道理。即便我们把科学限制在此处，不要泄露出去，我们也挡不住别人去促进科学。我们闲坐终日，别人就动手干。

——Notes from Los Alamos

大多数苦涩的争论，围绕着信息控制、武器开发和对新知识的探索。

——Notes from Los Alamos

问题是科学提供力量，既可为行善，也可为作恶。我们担心科学可能拿来作恶。军方垄断科学，不能鞭策任何理智之人做出选择，以促成善良目的——却会迫使科学仅仅朝着最具破坏性的方向发展。

——Notes from Los Alamos

科学家发现了锁闭在原子里的能量，就梦想有朝一日释放之。伟大的原子时代应运而生。最大的问题无疑关乎战争与和平。

——Notes

我是支持核试验还是反对核试验，我自己也弄不明白。公说公有理，婆说婆有理。产生的放射性污染很危险，打起仗来也很坏。但是，因为搞试验，会不会更可能搞战争，我不知道。有所准备会阻止战争，还是缺乏准备会阻止战争，我不知道。

——“The Unscientific Age”, John Danz Lecture Series, 1963
(*The Meaning of It All*, p. 107)

来自不同研究领域的仪器设备，放在一块儿，凑成了一个新装备好做实验，为的是把铀同位素分离出来。

——UCSB talk, “Los Alamos from Below”, February 1975

原子弹具有巨大的危险——战争——任何国家都能、也都会开发原子力量。

——Notes from before Los Alamos

有些人继承了特别的品质，不要认为那是因为他们的父母特殊；要努力把那些“有价值的”的因素教给所有的人，因为所有的人都能学习，无论他们是什么种族。此乃上次战争的教训。

——Letter to Tina Levitan, February 1967
(*Perfectly Reasonable Deviations from the Beaten Track*, p. 235)

虽然目前在我的领域我稍有名气，但当时我是无名小卒。在我开始为“曼哈顿工程”工作的时候，我连个学位也没有。

——UCSB talk, “Los Alamos from Below”, February 1975

在战争期间，全部科学都停了，除了在洛斯阿拉莫斯搞的那一小块儿。

——UCSB talk, “Los Alamos from Below”, February 1975

在伯克利，关于原子弹、核物理和全部这些事儿，他们想的全部东西，我都不太知道。我一直做其他种类的事情，因此我必须做一大堆工作。

——UCSB talk, “Los Alamos from Below”, February 1975

我以前不曾坐飞机旅行；现在要坐飞机旅行。他们把秘密捆起来，放在一个小东西里，用皮带捆在我背上。

——UCSB talk, "Los Alamos from Below", February 1975

对军队里的这些伙计，我肃然起敬，因为无论给我多长时间，我也做不出重大决定。

——UCSB talk, "Los Alamos from Below", February 1975

我们总是紧赶慢赶。我必须解释我们做的每一件事，我们努力做得尽可能地快。

——UCSB talk, "Los Alamos from Below", February 1975

我们在干什么，我告诉那些高中生，他们全都兴奋起来。我们在打一场战争。我们明白那意味着什么。他们知道那些数字是什么意思。如果出来的压力大一些，那意味着有更多的能量释放出来，如此等等。他们知道自己在干什么。

——UCSB talk, "Los Alamos from Below", February 1975

比方说，我坐在纽约的一家饭店里，看着那些建筑物，看那有多远，我就想，你知道，广岛原子弹的破坏半径有多大，等等。第34大街离这儿多远？所有那些建筑物，全部夷为平地，等等。我感觉很怪。我一边走，一边看有人在造一个大桥，或者在铺新路，我想，他们都疯了，他们就是不明白，他们不明白啊。我们为什么要造新东西？都在白费劲。

——UCSB talk, "Los Alamos from Below", February 1975

我的看法是这样：关于如何开保险柜，这个手艺不是那种人人应该知道的事儿，因为保险柜把样样事情搞得非常不保险，让每个人知道如何开保险柜，那很危险。

——UCSB talk, "Los Alamos from Below", February 1975

在第二次世界大战期间，我为洛斯阿拉莫斯那个工程工作。在第一次试爆成功之后，群情激昂。大家都开庆祝会；我们到处乱跑。我坐在吉普车的后座上打鼓。有个人——鲍勃·威尔逊（Bob Wilson），枯坐在那儿。我问他怎么了，他说："那是个可怕的东西啊，我们造的。"

——*U.S. News and World Report interview*, February 1985

[谈原子弹]或许，借助于某种奇迹，那些负责控制原子弹的人会开始意识到——或许已经意识到——原子弹是没有用的。果真如此，原子弹倒是可能有用：阻止我们继续进行具有悠久历史的互相毁灭的蠢行。

——*U.S. News and World Report interview*, February 1985

[谈洛斯阿拉莫斯工程]假如科学家不曾先行一步，却说："那在事后会成为人类的一个非常严重的问题，我们认为我们不应该做这件事。"如果希特勒和他的人鼓捣出了原子弹，用它来称霸世界，那你尖叫也来不及了。

——*U.S. News and World Report interview*, February 1985

搞得人人都来让你拿主意，那是很烦的，大家以为你眉头一皱便计上心头，我知道我眉头一皱，计上不了心头。

——“The Remarkable Dr. Feynman”,
Los Angeles Times Magazine, April 20, 1986, p. 37

在战争开始的时候，我做出决定，要为“曼哈顿工程”工作，因为我想德国人会那么做。我不知道这决定对不对。

——“The Remarkable Dr. Feynman”,
Los Angeles Times Magazine, April 20, 1986

从科学观点看，“曼哈顿工程”不是我通常想干的事；那是工程，不算科学。跟全部那些大人物和聪明的主儿混在一块儿，叫人很兴奋，以前你只是读他们的文章。对这个委员会，我的反应相似。除了义务感，我不想参加委员会，但是一旦我断定我摊上事儿了，我就不得不干了，然后我就不得不卖力干。但凡有可能，我就撂挑子。一旦你入伙了，那叫人兴奋。那就像是问某个几乎遭遇车祸的人，那是不是令人兴奋。在汽车堆里打方向盘，跟吃错药似地开心，不是吗？只是你宁肯自己不要遇到这种事儿。

——“The Remarkable Dr. Feynman”,
Los Angeles Times Magazine, April 20, 1986, p. 37

原子弹在本质上仅仅是比最大的巨型炸弹能量大过1000倍的非常大的炸弹。

——Notes

一个国家很快就能判处另一个国家半数人口的死刑，而且当天就处决。

——Notes

合作是求之不得的，此事向来清楚。

——Notes

原子弹的可怕或许最终能使人相信分裂有多么愚蠢，一线希望吧。

——Notes

原子弹的事儿和悲观主义，一直跟随了我好几年，到1950年，我对世界仍然悲观，也相当确信我蛮有理由悲观，没有人有出息，我们都在转圈子，我们会有麻烦的。然后，我们跟苏联等有了麻烦，互相比赛谁的炸弹多，北半球没好日子过了。

——Interview with Charles Weiner, June 27, 1966
(Niels Bohr Library and Archives with the Center for the History of Physics)

我们科学家是聪明的——太聪明了——你不满意吗？四平方英里一颗炸弹还不够吗？人们还在寻思呢。你到底要把原子弹搞得多大，告诉我们吧。

——Notes

我真学会了一件事，如果你对做某事的理由是很强烈的，你也开始干了，你必须时不时地向四周看看，看看原本的动机是不是仍然是对的。

——“Future for Science” interview (*The Pleasure of Finding Things Out*)

Challenger

挑战者号

加州理工学院提供照片

除非国会来了传票，我不会为任何事情再到华盛顿。

——Letter to David Acheson, 1986
(*Perfectly Reasonable Deviations from the Beaten Track*, p. 405)

在使用一个数学模型的时候，必须仔细地注意这个模型中的那些不确定的情况。

——*Star-News*, Opinion, June 18, 1986

［谈罗杰斯委员会］我觉得我像一头公牛撞进了瓷器店。最好是把这头牛牵出去耕地。一个更好的比喻，是一头公牛撞进了瓷器店，因为瓷器当然就是那头公牛。

——Letter to Gweneth and Michelle Feynman, February 12, 1986
(*Perfectly Reasonable Deviations from the Beaten Track*, p. 402)

国家航空航天局从公民那里得到支持，他们理应坦率、诚实、不遮掩，如此一来公民才可能做出最明智的决定，来使用他们有限的资源。

——Report of the Presidential Commission on the Space Shuttle *Challenger Accident*,
Volume 2: Appendix F, June 1986

［谈罗杰斯委员会］我有义务感，我为此有些不安。

——“The Remarkable Dr. Feynman”, *Los Angeles Times Magazine*, April 20, 1986

［谈罗杰斯委员会］在较早的讨论中，有各种诚恳的说法，说的是我们身为个人，或者更好的说法，身为小组（所谓下属委员会）成员，可以随意到任何地方去取得信息。我

试图去做那种事（几位物理学家告诉我，他们乐意跟我一块儿干），我已经安排好了我的事情，以便能够专心致志地全日工作一段时间。我似乎得不到工作指派，在我讲话的时候，会议其实是散了，副主席（阿姆斯特朗）说我们不做详细的工作。

——Letter to Gweneth and Michelle Feynman, February 12, 1986
(*Perfectly Reasonable Deviations from the Beaten Track*, p. 399)

[谈罗杰斯有心与报界拉近乎]他的反应把我逗乐了，但在我现在写这个东西的时候，我另有想法。在早先的会议上，在他明明白白地谈不泄密的重要性等等之后，事情就太容易了。我现在打起精神了吗？（瞧，亲爱的，“华盛顿偏执狂”的毛病进来了。）如果，要是他想阻止我，或者要大家不信任我，他倒是可以起诉我泄露了某种重要的东西。我认为，如果我走得太近，这里面可能有些事儿，有人或许试图不让我发现真相，试图诋毁我。

——Letter to Gweneth and Michelle Feynman, February 12, 1986
(*Perfectly Reasonable Deviations from the Beaten Track*, p. 401)

[谈罗杰斯]我多半是他的眼中钉。

——Letter to Gweneth and Michelle Feynman, February 12, 1986
(*Perfectly Reasonable Deviations from the Beaten Track*, p. 401)

[谈罗杰斯委员会]照这样下去，要发现发生了什么事，我们将永远不能接近实质问题。

——Letter to Gweneth and Michelle Feynman, February 12, 1986
(*Perfectly Reasonable Deviations from the Beaten Track*, p. 401)

[谈罗杰斯委员会]我决心干这个活儿，要查个水落石出——你们爱咋咋的。

——Letter to Gweneth and Michelle Feynman, February 12, 1986
(*Perfectly Reasonable Deviations from the Beaten Track*, p. 401)

[谈罗杰斯委员会]我的猜测，是我将被允许做这件事，埋头于数据和细节，还希望在如此烦扰中对我占有的技术细节予以最大的注意，如此他们就有时间去安抚那些特别危险的目击者，等等。但是，那不管用，因为：(1)我处理技术信息交换的速度，我的理解力，比他们想象得快得多，(2)我已经闻到某些老鼠味，我忘不了他们，因为我就是喜欢闻老鼠的味儿。

——Letter to Gweneth and Michelle Feynman, February 12, 1986
(*Perfectly Reasonable Deviations from the Beaten Track*, p. 402)

话说回来，官方管理层要求我们相信，失事的概率少于千分之一。此说的一个理由，或许是企图让政府相信航空航天局尽善尽美、功无不成，以便稳住资金供应。其他理由或许是他们真诚地相信失事概率是千分之一，这表明他们与一线工程师缺乏交流到难以置信的地步。

——Report of the Presidential Commission on the Space Shuttle *Challenger Acciden*t,
Volume 2: Appendix F, June 1986

事情显得是这样：关于机毁人亡的失事概率，众说纷纭。估计的范围，从百分之一到十万分之一。较高的概率来自一线工程师，很低的概率来自管理层。如此缺乏一致性，原因是什么，结果是什么？因为十万分之一意味着你可以每天发射一架航天飞机，这么干300年，才可望仅仅损失一架。我们就可以得体地问一下：“管理层对机械的这种异想天开的信心，其原因是什么？”

——Report of the Presidential Commission on the Space Shuttle *Challenger Accident*,
Volume 2: Appendix F, June 1986

固体火箭助推器的O形密封圈，在设计上没有考虑侵蚀。侵蚀是一个线索，暗示有某种东西出了毛病。侵蚀，这个事儿，你从中推论不出安全。

——Report of the Presidential Commission on the Space Shuttle *Challenger Accident*,
Volume 2: Appendix F, June 1986

完全自动的着陆，多半不如飞行员控制的着陆。

——Report of the Presidential Commission on the Space Shuttle *Challenger Accident*,
Volume 2: Appendix F, June 1986

我们发现对系统失败与可靠性的这种态度，还不如对计算机系统的态度好。举例说，某种温度传感器失灵，你发现了这个故障。但在18个月之后，那些传感器还在用着，有时候仍然失灵，直到一次发射不得不停摆，因为两个传感器同时失灵了。

——Report of the Presidential Commission on the Space Shuttle *Challenger Accident*,
Volume 2: Appendix F, June 1986

喷气机的行为，用传感器来检查；如果传感器没能激活计算机，就选另一架喷气机来激活。但是，传感器本不应该失灵，这个问题应该得到解决。

——Report of the Presidential Commission on the Space Shuttle *Challenger Accident*, Volume 2: Appendix F, June 1986

要保证维护一项有道理的发射日程，但过程常常不能做得足够快，赶不上原本保守的认证标准的期望，而认证标准是要确保机器非常安全。在这种情况下，非常微妙了，常常还有看似合乎逻辑的说法，而标准改变了，发射或许仍然及时得到了批准。因此，他们就在相对不安全的条件下发射，那就肯定有百分之一的失事机会。

——Report of the Presidential Commission on the Space Shuttle *Challenger Accident*, Volume 2: Appendix F, June 1986

让我们提出建议，以确保航空航天局的官员们要在一个现实世界里，致力于足够好地理解技术的弱点和漏洞，以便积极地努力消灭之。

——Report of the Presidential Commission on the Space Shuttle *Challenger Accident*, Volume 2: Appendix F, June 1986

我们还发现“飞行准备评估”所用的认证标准，其严格性常常逐渐地降低。说什么相同的风险，以前也飞过，没有失事，这常常被接受了，作为一个安全论点被再次接受了。因为这个，明显的弱点被三番五次地接受，有时候也不足够严肃地试图去改正，风险一如既往也不延迟飞行。

——*Star-News*, Opinion, June 18, 1986

总数将近2900次飞行，121次失败（25次中有1次）。然而，这或许包括所谓早期错误，在火箭最初的几次飞行中，设计错误被发现了，也修理了。成熟火箭的一个更有道理的数字，是50次中有1次失败。选择零件格外仔细，检查工作格外仔细，低于100次失败1次的数字是可以达到的；但是，以今天的技术，1000次失败1次多半求之不得。航空航天局的官员犟嘴，说这个数字其实更低得多。

——*Star-News*, Opinion, June 18, 1986

其实，航空航天局以前的实验已经表明：时不时地，单是此类麻烦就接近事故；这种事故，全都发出了飞行可能失败的警告，不是太少啊。

——*Star-News*, Opinion, June 18, 1986

在管理层的估计和工程师们的判断之间，我们为什么发现这么大的差距？事情显得是这样：无论出于什么目的，管它是为内部的或者为外部的消耗，航空航天局的管理层夸大了其产品的可靠性，夸大到异想天开的地步。

——*Star-News*, Opinion, June 18, 1986

这种危险以前不曾导致灾难，这个事实不敢保证下次就没有灾难，除非危险得到了彻底的理解。你用左轮手枪玩俄罗斯轮盘，第一次放了空枪没死人，开下一枪一点都不叫人舒服。

——*Star-News*, Opinion, June 18, 1986

我向罗杰斯报告说，我有一些亲戚，与报界有关系，我跟亲戚聊聊，合适吗？他很高兴，说："当然啊。"

——Letter to Gweneth and Michelle Feynman, February 12, 1986
(*Perfectly Reasonable Deviations from the Beaten Track*, p. 401)

我对我个人的舒服不感兴趣；我关心的是国家的好处。

——Correspondence with Rogers（"Mr. Feynman Goes to Washington"）

Politics
政治

加州理工学院提供照片

我们大家都知道，他们在华盛顿不知道自己在干什么。这不是说他们是傻瓜；我们只是说，这些问题中有很多，他们没有人知道如何处理。好些专家研究过这些课题。但是，他们知道得不那么多，他们不承认。如果有个想参与管理的人说他们不知道答案，没有人会理睬他。人人都想要一种答案。但是，有朝一日或许每个人都会逐渐意识到：专家并不知道几乎任何事情。

—— *U.S. News and World Report interview*, February 1985

在热核反应中，如果事情可以得到控制，那么一秒钟从一夸脱的水得到的能量，等于美国全部的电力。一个水龙头，每分钟流15加仑水，你就有燃料来供应美国今天使用的全部能量。因此，事情要指望物理学家琢磨出方法，把我们从能量短缺中解放出来。实际上，此事可成。

—— Audio recording of *Feynman Lectures on Physics,* Lecture 4, October 6, 1961

[谈电子的负电性]我想测量的是物理量，我用“负号”，是因为本杰明·富兰克林，他乐意把电子叫作“负的”，对吧？因此，从1776年以来，我们就一直沿用这个说法。自从1776年以来，我们沿用了很多其他事情。他们有些人不像我这么忧虑。

—— “QED: New Queries”, Sir Douglas Robb Lectures, University of Auckland, 1979

科学是国际性的人类努力，如果没有世界其他地方的科学发展，就不存在什么“美国科学”。

——Letter to Mr. Stuart Zimmer, February 1982
(*Perfectly Reasonable Deviations from the Beaten Track*, p. 344)

这就是老百姓那种思维定势：他们必须要一个答案，提供答案的人比不提供答案的人更好；其实呢，在大多数时候，相反的说法才是对的。正因为如此，政治家必须提供一个答案。正因为如此，政治允诺从来也不能兑现。那是一个死板的事实，那是不可能的。正因为如此，没有人相信竞选时候的允诺。正因为如此，大家对政治普遍轻蔑，对试图解决问题的人普遍缺乏尊敬。

—— “The Unscientific Age”, John Danz Lecture Series, 1963
(*The Meaning of It All*, p. 66)

他们决定做某种全然违法的事情，在美国国内，在大陆美国，对人民的信件进行检查，他们无权这么做。因此，要设立检查制度，方式得非常微妙，得搞成一桩自愿的事儿。我们都将是自愿者，我们把信发出去，不把信封黏起来。我们都同意那全然是正当的，他们会拆开寄给我们的信；那也是我们自愿接受的嘛。

——UCSB talk, “Los Alamos from Below”, February 1975

电视工业可以骄傲地成为这个国家言论自由传统的一

部分。

——Letter to Bill Whitley (KNXT), May 1959
(*Perfectly Reasonable Deviations from the Beaten Track*, p. 101)

按照宪法，那就应该投票。关于每项事务，何者对，何者错，就不应该提前就决定了。否则就不必费事设立参议院投票。只要你毕竟能投票，那么投票的目的，就是让你拿定主意，该走哪条道才好。

——“The Unscientific Age”, John Danz Lecture Series, 1963
(*The Meaning of It All*, p. 52)

有一个制度，由法律、陪审团和法官构成。当然也有许多纰漏和缺点，尽管如此，我们也必须一如既往地为之工作。我非常赞赏这个制度。

——“The Unscientific Age”, John Danz Lecture Series, 1963
(*The Meaning of It All*, p. 118)

普及教育多半是一件好事，但你既能教好的，也能教坏的——你既能教假的，也能教真的。国家之间的交流，由于通过科学技术的发展而得到发展，肯定会改善国家之间的关系。事情要看你交流的是什么东西。你可以交流真相，你可以交流谎言。你可以交流威胁，或者交流善意。

——Galileo Symposium, “What Is and What Should Be the Role of Scientific Culture in Modern Society”, September 1964

我的理论是：一边是工程师和科学家，另一边是管理层，这二者之间共同利益的丧失，是合作恶化的原因。

——“Mr. Feynman Goes to Washington”，1987

你写道，真正的美国人有一颗博大的慷慨之心，这只能表明你那颗心既博大又慷慨，因为你必须知道一个伟大的国家，就像英国，人民的思想是非常复杂的，伟大与卑鄙、慷慨与自私，是共存的，正如在每个人那里也是如此。

——Letter to Reverend John Alex and Mrs. Marjorie Howard, December 1965
(*Perfectly Reasonable Deviations from the Beaten Track*, p. 184)

没有哪个政府有权决定科学原理的真实性，或者以任何方式为被调查的问题定性。政府也不可决定艺术创造的审美价值，不可限制文学或艺术表现的形式。政府不应该宣布经济、历史、宗教或哲学学说的合法性。相反，政府对其公民有义务维护自由，让公民对进一步的开拓与人类的发展做出贡献。

——“The Uncertainty of Values”，John Danz Lecture Series, 1963
(*The Meaning of It All*, p. 57)

我当时就断定，我相信，在道德上要做的正确事情，就是保护我们自己；我感觉存在一种大恶，如果它有了更多的技术力量，它只会膨胀。我所知道的阻止它那么做的唯一方法，是抢先一步，我们才能阻止他们去做，或者打败他们也可。

——*No Ordinary Genius*, p. 48

[谈罗杰斯委员会]我具有一份独一无二的资质——我完全自由，没有什么手段可以用来影响我，我相当正直而诚实。这里存在一些极其强大的政治力量和政治后果。但是，虽然大家从不同的观点已经向我解释说水很深，我全然不予理睬，我行我素，明显天真而一根筋，要达到最后的目的：首先，从物理学上说，为什么航天飞机失事了，而把如下问题放得靠后：显然，在他们做决定的时候，为什么人为地做出了坏的决定。

——Letter to Gweneth and Michelle Feynman, February 12, 1986
(*Perfectly Reasonable Deviations from the Beaten Track*, p. 398)

[在联合国的一次原子能会议之后]自那以后，对政府怎么工作，对政府的毛病，我有了好得多的理解。我的意思是，这些事情，要做出决定，是生死攸关的，却轻而易举地就决定了。我的意思是，一个人能如此迅速地做决定，那很了不起。因此，掷骰子能不能迅速决定？当然能——那很坏啊。那是一件非常严肃的事情啊。

——Interview with Charles Weiner, June 27, 1966
(Niels Bohr Library and Archives with the Center for the History of Physics)

关于具有历史重要性的重大问题，轻易的决定多得可怕。

——Interview with Charles Weiner, June 27, 1966
(Niels Bohr Library and Archives with the Center for the History of Physics)

[谈公司工人]总有某个家伙站在他们的头上，就是老板，他在技术上比工人愚蠢，他做决定让工人该干什么，他判断工人做的事情有没有价值。

——Interview with Charles Weiner, June 28, 1966
(Niels Bohr Library and Archives with the Center for the History of Physics)

与私企相比，政府的真实问题，是在一种过分哲学而抽象的基础上乱争。从理论上说，计划或许是好的，但没有人可曾琢磨出来政府的愚蠢是出于什么原因——直到他们动手才发现（也找到了补救的办法），全部理想的计划将如流沙一样一败涂地。

——*What Do You Care What Other People Think*？, pp. 90—91

在今天的世界上，另外一件让科学家得软骨病的事情，是选拔领导人的方法——在每个国家都是一样。如今，比方说，在美国，这两个政党决定雇一些公关人员，就是做广告的那种人，他们以必要的方法得到了训练，又说真话，也撒谎，为的是推销一个产品。这不是初衷。他们应该讨论情况，不应该仅仅编造口号。然而，如果你看看历史，在美国挑选政治领导人，在许多不同的场合，确实一直是基于口号。

——“The Role of Scientific Culture in Modern Society”,
The Pleasure of Finding Things Out, p. 109

Doubt and Uncertainty
怀疑与不确定

米歇尔·费曼与卡尔·费曼提供照片

怀疑不是一个新观念；这是理性时代的观念。这是一种哲学，指引着创造了我们身在其中的民主制度的那些人。没有人知道如何运作一个政府，这个观念导致了如下观念：我们也该安排一个制度，凭借这个制度，新观念能够得以发展、尝试、抛弃，更多的新观念能够引进；一个试错的制度。这个方法得自如下事实：在18世纪末，科学已经表明自身是一项成功的事业。即便在当时，具有社会意识的人也清楚：为多种可能性敞开大门是一个机会，怀疑和讨论对挺进未知之域是必不可少的。

——*The Pleasure of Finding Things Out*, pp. 148—149

带着怀疑和不确定，我是能够活下去的。我认为，一无所知地过日子，比知道可能错的答案，要有趣得多。我有一些近似的答案，有些可能的信念，对不同事物有程度不同的确定性，但我对任何事情都不绝对有把握。

——*No Ordinary Genius*, p. 239

美国的自由理想，与科学发展的理想是相同的。人类潜能的终极发展，需要允许犯错误。

——Notes for talk on “Science in America”

现在，承认不确定，是相当能自圆其说的；不知而能生活，是可能的；我们科学家对此已经习惯了，视之为当然。

但是，是否人人意识到此事是真的，我不知道。我们怀疑的自由，出自科学早期岁月的一场反权威的斗争。那是一场非常深刻而顽强的斗争：允许我们提问——允许怀疑——允许不确知。我认为，我们不要忘记那场斗争，因此不要失去我们已经得到的东西，是重要的。

——“The Value of Science” (*The Pleasure of Finding Things Out*)

关于不理解，这个事儿，在科学家和听众之间，是非常严肃的。我想跟你们一道努力，因为我想告诉你某种东西：学生不理解它，那是因为教授也不理解它，这不是开玩笑，而是非常有趣的。

——“QED: Photons—Corpuscles of Light”,
The Sir Douglas Robb Lectures, University of Auckland, June 1979

大家听说，我做的全部事情，是在黑板上画一对箭头，来计算某事发生的机会——他们就说，这个家伙不懂物理。但是，这个家伙知道那就是他必须做的事情，他因此承认他不知道自己为什么做他所做的事。我说我不知道我在干什么，别人多半也不知道，此刻你可要当真啊。

——“QED: Fits of Reflection and Transmission”, Sir Douglas Robb Lectures,
University of Auckland, 1979

每件事情都要细细检查，否则你就成了那么一种人中的一员，他们相信全部种类的发疯之事，但不理解他们身在其中的这个世界。没有人理解他们身在其中的这个世界，但有些人比另外一些人还是更明白一些。

—— "This Unscientific Age", John Danz Lecture Series, 1963
(*The Meaning of It All*, p. 84)

不猜，不会是科学的。

—— "The Uncertainty of Science", John Danz Lecture Series, 1963
(*The Meaning of It All*, p. 25)

这意味着物理学这一门非常严谨的科学，已经落得仅仅计算一个事件的概率，而不精确预言何事将要发生。是这样吗？是的。

—— *QED: The Strange Theory of Light and Matter*, p. 19

我认为，一无所知地过日子，比知道可能错的答案，要有趣得多。我有一些近似的答案，有些可能的信念，对不同事物有程度不同的确定性，但我对任何事情都不绝对有把握；有许多事情，我一无所知，例如：我们为什么在此，是否有什么意义。我不必知道一个答案。不知道事情，而迷失于一个没有目的的神秘宇宙，就我能讲的而言，宇宙确实就是那样，我不觉得害怕。

—— *The Pleasure of Finding Things Out*, pp. 24—25

我认为当我们知道我们确实生活在不确定之中，那么我们就应该承认此事；意识到我们不知道一些不同的问题的答案，是有很大价值的。这种思想态度——关于不确定性——对科学家至关重要，正是这种思想态度才是学生首先要获得的。它要变成一种思想习惯。一旦获得这种态度，你就再也不能离它而去。

—— *The Pleasure of Finding Things Out*, p. 248

我已经学会了不知而活。我不必确知我一直在有所成就，正如我以前关于科学说的话。因为我意识到我不知道我在做什么，我认为我的生活更充实了。世界有如此广度，我心欣喜！

—— *Omni* interview, February 1979

[谈“打字机科学”]有些知识人，坐在打字机前，把东西都写出来，宛如那些信息确实是已知的。知识人永远不说“我不知道这个”，也不说“我不确实有把握”。如果他这么说，他就卖不出他的文章，因为有另外一个人会过来说，他无所不知。

—— *U.S. News and World Report* interview, February 1985

全部的科学知识都是不确定的。带着怀疑和不确定的这种体验，是重要的。我相信这有很大的价值，也扩展到科学之外。我相信，解决任何以前不曾解决的问题，你必须把大门向未知开放。你必须承认这种可能性，即你知道得并不确切地正确。否则，如果你已经抱了成见，你或许就解决不了这个问题。

——“The Uncertainty of Science”, John Danz Lecture Series, 1963
(*The Meaning of It All*, p. 27)

因此，我们如今称其为科学知识的那种东西，是一堆确定性程度不一的说法。其中的一些最不确定；其中的一些近于确定；但没有绝对确定的。

——“The Uncertainty of Science”, John Danz Lecture Series, 1963
(*The Meaning of It All*, p. 27)

在任何环境中，精确地预言何事发生，是不可能的。

——Audio recording of *Feynman Lectures on Physics,* Lecture 2, September 29, 1961

你不能面对的事情，是不知道某人在鼓捣什么。不知道，那难受。但对任何真东西，你仅仅坐在那儿，权当那是真的，然后看你在这个环境下干什么。

——Interview with Charles Weiner, March 5, 1966
(Niels Bohr Library and Archives with the Center for the History of Physics)

不确定，没什么害处。说点什么，却不肯定，这好于什么也不说。

——“The Uncertainty of Science”, John Danz Lecture Series, 1963
(*The Meaning of It All,* p. 26)

为了取得进步，我们意识到这种无知与这种怀疑，此事具有至高无上的重要性，因为我们有这层怀疑，那么我们就打算展望新方向，发现新观念。

——“The Uncertainty of Science”, John Danz Lecture Series, 1963
(*The Meaning of It All*, p. 27)

如果我们无能于或者不想渴望展望任何新方向，如果我们没有怀疑，或者也意识不到无知，我们就得不到任何新观念。

——“The Uncertainty of Science”, John Danz Lecture Series, 1963
(*The Meaning of It All*, p. 27)

我感觉到有一种责任，身为科学家，知道一种令人满意的无知哲学的巨大价值，知道这么一种哲学能导致进步，而进步是思想自由的果实。我感觉到有一种责任，要宣布这种自由的价值，要教导人们：怀疑不足可怕，反而值得欢迎，把怀疑视为人类新潜能的可能性。

——“The Uncertainty of Science”, John Danz Lecture Series, 1963
(*The Meaning of It All*, p. 28)

我想在此断言，承认无知，承认不确定，人类就有希望朝着某个方向继续运动，不固步自封，不永久停滞，就像在人类历史各个阶段中发生过多次的那样。

——“The Uncertainty of Values”, John Danz Lecture Series, 1963
(*The Meaning of It All*, p. 34)

我们会出错的唯一方式，是在人类莽撞的青春期我们会断定我们知道某个答案。

——“The Uncertainty of Values”, John Danz Lecture Series, 1963
(*The Meaning of It All*, p. 57)

我的一生一直受到伽利略及其与教会斗争的感召，他为怀疑自由而斗争，这种斗争一直伴随着与伽利略相关的那些人。

——Galileo Symposium, “What Is and What Should Be the Role of Scientific Culture in Modern Society”, September 1964

看世界中的不确定性的一种方式，是假定那些东西在那儿，但我们仅仅以粗糙的方式看它们。我们一定要摆脱不确定，这么想是没有用的！

——Esalen lecture, “Quantum Mechanical View of Reality (Part 1)”, October 1984

科学家与众不同的一件事，是在他们无论做什么的时候，他们不像别人通常那么自信。他们能一直守着怀疑过日子，认为“事情或许是这样”，然后就根据这个想法办事，他们总是知道事情仅仅是“或许”。

——*Omni interview,* February 1979

我相信一个谈非科学问题的科学家，与其他的伙计一样呆；在他谈论非科学问题的时候，他就跟任何不曾在这个问题上受过训练的人一样，听着那么天真。

——“The Value of Science”, December 1955,
The Pleasure of Finding Things Out, p. 142

在这种高深而复杂的层面上，当我们交谈的时候，我们自以为说得蛮好，我们在交流嘛，但我们真正干的事儿，是运作某种大翻译程序，把这个伙计说的话翻译成我们心里的那些形象，那是大不相同的。

——BBC “Fun to Imagine” television series, 1983

在怀疑和怀疑主义里没有害处，因为正是通过怀疑，才能搞出新发现。

——*Perfectly Reasonable Deviations from the Beaten Track*, p. 396

在物理学中，真相很少有完全清楚的，而在人类事务中，不清楚肯定是普遍的情况。因此，不被不确定性包围着的东西，不可能是真相。

——Letter to the editor of the California Tech, February 1976,
Perfectly Reasonable Deviations from the Beaten Track, p. 301

你或许认为，为宗教发明一个形而上学体系，是可能的；这个体系说的样样事情，科学发现自己永远不与之抵触。但是，偏爱冒险、不断扩展的科学，一直向未知之域进发，提前说出问题的答案，无论你做的是什么，却不期望早早晚晚你会发现此类答案是错误的；这样的科学与宗教不抵触，我认为不可能。

—— “The Uncertainty of Values”, John Danz Lecture Series, 1963
(*The Meaning of It All*, pp. 46—47)

科学是这么一种信念，相信专家们的无知。

——*The Pleasure of Finding Things Out*, p. 187

在你思考你不理解的某事之际，你有一种可怕的不舒服感，其名惶惑。那是一桩非常困难而不爽的买卖。因此，大多数时候，实话说，守着这种惶惑，你相当不愉快。你钻不透这个玩意儿。既然惶惑，那是因为我们全是某种猴子，某种笨货，试图琢磨如何把竿子接起来，好够得到香蕉，我们就是搞不出这个点子。我一直有这种不良之感，我是一只猴子，想把两根竿子接起来。因此，我总觉得蠢。但是，偶尔地，我把竿子接起来了，我就够到了香蕉。

——BBC, "Pleasure of Finding Things Out";
Swedish television interview on Nobel Prize winners, 1965

在理解上取得进步，我们必须保持谦虚，允许我们有所不知。没有什么事情是确定的，没有什么事情能被证明怀疑不得。你为满足好奇心而调查，因为事情未知，不因为你知道答案。虽然你在科学里搞出了更多信息，事情也不是你正在发现真相，而是你正在发现这个或者那个多少是可能的。

——"The Relation of Science and Religion", Engineering and Science
(*The Pleasure of Finding Things Out*, p. 248)

你不确定，这个事实意味着有朝一日有另一条路，是可能的。

——"The Uncertainty of Values", John Danz Lecture Series, 1963
(*The Meaning of It All*, p. 49)

我们必须为怀疑留出空间，否则就没有进步，就无所学。若不提问，则无所学。问题需要怀疑。人寻求确定性，但不存在确定性。人吓坏了——你怎么能不知而活？那一点也不怪异。你实话实说，你仅仅以为你知道。你的大多数行为基于不完整的知识，你实在不知道事情的究竟，不知道世界的目的是什么，不知道很多，不知道其他事情，不知而活是可能的。

——"The Role of Scientific Culture in Modern Society",
The Pleasure of Finding Things Out, p. 112

Education and Teaching
教育与教学

加州理工学院提供照片

我相信，若不教学，我实在不好过。理由是在我没有什么想法的时候，在我没有出息的时候，我必得干点什么事儿，我就可以对我自己说："起码我活着；起码我在干某种事儿；我在做贡献嘛——仅求心理安慰。"

——*Surely You're Joking, Mr. Feynman!*, p. 165, *Classic Feynman*, p. 183

为你自己挑一个问题，你发现心里揣着某种你听到的事乱转悠很有趣，你不理解那件事，或者你想进一步分析它，或者想玩某种把戏，凭此你会学得好得多、容易得多，也更完整——那是学东西的最好方法。

——*Feynman's Tips on Physics*, p. 15

在教科学的时候，你把关于他们身在其中的这个最奇妙的世界的事情告诉那些新脑筋，你把人们深思过的那些最伟大的观念传下去：无边无际的空间，无限的原子运动，全部生命相互作用之网，以及身负无生命之物的生命。宽广的知识之海，四面围着更宽广的未知之域，那并非可怕之事，而是有待了解的挑战。

——Notes for talk on "Science in America"

事实上，长久地凭记忆做每种事情是不可能的。那不意味着不凭记忆就做不成任何事情——你记得越多，肯定地说，就越好——但你应该能把你忘记的任何事情重建起来。

——*Feynman's Tips on Physics*, p. 41

实话实说，此乃你初涉任何复杂或者陌生问题的路子：你先有一个粗略的想法；然后在你理解得较好的时候，你就回去，更细致地做。

—— *Feynman's Tips on Physics*, p. 77

我讲这个题目的时间到了，此刻我开始画猫的轮廓，为各种各样的肌肉标上名称。班里的其他学生打断我："那些我们全知道！""哦，"我说，"你们知道？难怪我这么快就赶上你们这些学了四年生物学的伙计。"他们浪费全部的时间去死记那种东西，你在十五分钟之内就可以查到嘛。

—— *Surely You're Joking, Mr. Feynman!*, p. 72; *Classic Feynman*, p. 294

我常常生动地记得我那次最好玩的旅行。许多事情，历历在目——如我家抽屉里那件暗蓝的T恤衫——或者我办公室里的那张干涉图片——或者就是现在，我的秘书问我，我是否想在附近的一所大学（30千米外的南加州大学）或高中跟学生们谈谈话。我的回答是我乐意在任何时候跟学生们讲话，他们应该离我家很近，或者在卑诗省的温哥华。

—— Letter to Mariela Johansen, April 1975

学生们或许看不到我想回答的那个东西，或者看不到我想思考的那些微妙之物，但让我想起了一个问题，因为他们问了在那个问题近旁的一些问题。要我自己想起来那些事儿，不那么容易。

——*Surely You're Joking, Mr. Feynman!*, p. 166, *Classic Feynman*, p. 184

不要查答案；自己琢磨出来。毕竟，它仅仅是自然；自然不可能辜负你。如果你思考得足够卖力，你会琢磨出来的。

——Audio recording of *Feynman Lectures on Physics,* Lecture 30, February 20, 1962

我们尝试由理解一些简单的事情，借此学习到观念，过程是诚实而直接的。什么让云彩飘在高天之上，为什么我们在白天看不到星星，为什么油浮在水上现出颜色，什么水从壶嘴出来会形成曲线，为什么挂着的灯笼摆来摆去——全部这些数不清的小事，你都在你周围看到了。当你学会解释比较简单的事情，那么你就明白了解释到底是怎么个东西，你接着就可以解释更微妙的问题了。

——Letter to Master Ashok Arora, January 1967

(*Perfectly Reasonable Deviations from the Beaten Track*, p. 230)

那与你应该学的东西一点关系都没有。全部要紧的事情，是你能学到某种东西，尽可能多地学，肯定是有用的。然而，当务之急是要学某种最小量的东西，以便继续学其他东西。

——Audio recording of *Feynman Lectures on Physics,* Lecture 17, November 28, 1961

从现代物理学的观点，我将要努力解释光和电子的世界是个什么样子。这很可以说是一道命令，我可能一败涂地——但让咱试试吧。

——On his lecture topic for the Sir Douglas Robb Lectures, June 1979

那仅仅是一些名称嘛，大家用那些名称，因此我们也会用它们。

——Audio recording of *Feynman Lectures on Physics,* Lecture 30, February 20, 1962

外语到处都教，为时已久！关于方法和效果，没有研究吗？——起码得有非结论性的研究，表明有些方法比其他方法坏，这种研究就可以用来证明或者反驳某种做法。正是因为这个，你才需要产生怀疑和谦逊，需要产生一种更能导致不确定性的气氛。

——Letter to Dr. Amos J. Lessard, February 1983

如果你理解某事，那时你自己就能把它搞出来，你就能记住它。

——Interview with Charles Weiner, March 5, 1966
(Niels Bohr Library and Archives with the Center for the History of Physics)

随着我得到了更多的经验，我意识到：关于如何教孩子们算数，我是一无所知。在我尚未有这种自知之明前，我确实写了一些东西。

——Letter to Beryl S. Cochran, April 1967
(*Perfectly Reasonable Deviations from the Beaten Track*, p. 241)

关于小孩儿，我什么也不知道。我有个孩子，因此我知道我不知道。

——National Science Teachers Association Fourteenth Convention lecture, "*What Is Science?*", April 1966

你会看到，如果我喋喋不休地谈的都是这种东西，我就不会有出息。但那有趣。那又如何？那无所谓嘛。那你就学其他东西。

——Audio recording of *Feynman Lectures on Physics,* Lecture 14, November 14, 1961

学词儿是必要的，那不是科学。但那不意味着因为那不是科学，我们就不必教词儿。我们现在谈的不是教什么；我们谈的是什么是科学。知道如何把摄氏度变成华氏度，那不是科学。那是必须会的，但那不真是科学。同样道理，如果你讨论什么是艺术，你不会说艺术是关于事实的知识，不是3B铅笔比2H铅笔更软。那全然是另外一码事。那不意味着一个艺术老师就不教那个，不意味着艺术家不知道那个还能过得不错。

——National Science Teachers Association Fourteenth Convention lecture, "*What Is Science?*", April 1966

从你脑袋里已经有的东西的角度，来解释一个观念，那是自然的。概念是互相摞在一起的：这个观念，是用那个观念的说法来教的，那个观念本身又是用另外一个观念的说法来教的，另外那个观念来自计算，人不同，对观念的理解大不相同！

——*The Pleasure of Finding Things Out*, p. 223

兴趣，是一种感情——好比爱。它不是一个学科的属性。

——Notes

在任何思想过程中，都有一些时刻，样样事情进展顺利，你得到了奇思妙想。教学就是一种烦扰了，因此教学就是世界上最令人恼恨的苦事了。

——*Surely You're Joking, Mr. Feynman!*, p. 165, *Classic Feynman*, p. 183

在心理学中，有一个深刻的问题：是什么类型的能力使孩子学得会一种语言，仅仅凭借听它，看它怎么被使用。此事怎么办成了，我们远远不知道。甚至看明白此事怎么可能办成，也是非常难的。但是，每个孩子都办到了。我们不能指望通过研究机器来解决这种问题。然而，至少从原则上说，看看机器的某种方式或许也能办到此事，却是一种引逗好奇心的学术研究。

——Letter to R. B. Leighton, April 1974

你问，这个家伙怎么能教学；如果他不知道他在干什么，他怎么可能有动力。实话实说，我热爱教学。我喜欢想出几个新路子来看我解释的事情，把事情讲得更清楚——

但是，或许我没有把事情讲得更清楚。我的所作所为多半是为自得其乐吧。

—— *Omni* interview, February 1979 (*The Pleasure of Finding Things Out*, p. 200)

一些人明白一个学科，用一些词来讨论它；通过学那些词，你学不会那个学科。你必须学会如何处理观念，然后，当微妙之处发生了，需要特别的语言，你就可以用那种特别的语言，进一步发展也容易。与此同时，要紧的是清晰。

—— *Perfectly Reasonable Deviations from the Beaten Track*, p. 455

在温哥华，他们待我太好了，现在我知道如何真让自己得意和讲课的秘诀了：等着学生们请你去。

—— *Surely You're Joking, Mr. Feynman!*, p. 303, *Classic Feynman*, p. 338

我不知道大家都是怎么了：他们学东西，却不求理解；他们用某种别的方式来学习——通过死记硬背、生搬硬套。他们的知识是如此脆弱。

—— *Surely You're Joking, Mr. Feynman!*, pp. 36—37; *Classic Feynman*, p. 39

为大众讲物理，我很成功。真能娱乐人心的法术，是嘚瑟、表演和神秘兮兮的论题。人都爱学东西，某种事情，他们以前从来不懂，得着机会理解一星半点，他们就“乐不可支”。对题目、对大家对这题目的兴趣，你必须有信心。

—— Letter to Ralph Bown, March 1958,
Perfectly Reasonable Deviations from the Beaten Track, p. 98

我相信，在全部书里，从一年级到八年级，全部的练习都应该是任何普通成年人能够理解的——就是说，你试图发现的那个问题，应该人人都了然于心。

——*Perfectly Reasonable Deviations from the Beaten Track*, p. 455

我搞的那些讲座，因为你能赏识，一直试图多一点优雅，而不直接照本宣科。我们谈了好多题外的东西，那是为了尽可能地让大多数学生感兴趣。如此进进出出，就有可能困惑了那些发现自己跟不上的学生，他们不知道什么是主线，即便我试图把主线写在这里。那么，我要干的事儿，你们许多人会觉得相当枯燥无趣；如果你不想来，就不必来；那对别人可能有用处、有帮助，那是要整个复习一下；只是这次不讲蚌的外展肌，也不讲任何题外话，只讲绝对少得不能再少的主线，把这些东西弄到你们脑袋里去是重要的，以便继续理解下一个层次的东西。现在，你说："如果我应该学的东西，就是少得不能再少的这点东西，你为什么把那些东西全告诉我们？"那跟你应该学什么没有关系：你们能学，就都学了呗；学得尽可能多是有用的。然而，学某些最少程度的东西，以便继续深造，却是非常必要的。下三次课将告诉你什么是绝对必须学的东西。

——Audio recording of *Feynman Lectures on Physics*, Lecture 17, November 28, 1961

物理学对全部其他科学学科有深刻的影响，因此其他学科的学生发现自己也得研究物理学。

——Audio recording of *Feynman Lectures on Physics,* Lecture 3, October 3, 1961

瞧，有了全部这些事儿，大问题是术语。术语听起来吓死人，但观念其实并不那么坏。

——Audio recording of *Feynman Lectures on Physics,* Lecture 8, October 20, 1961

那仅仅是符号——你必须知道观念啊。

——Audio recording of *Feynman Lectures on Physics,* Lecture 8, October 20, 1961

不要把它拷贝下来，仅仅听它说什么；否则，在它完事的时候，你不理解任何东西。

——Audio recording of *Feynman Lectures on Physics,* Lecture 15, November 17, 1961

没有人知道怎么教物理学，怎么教育人——那是一个事实。如果你不喜欢那种方式，那是相当自然的。要教得令人满意，那不可能：几百年来，甚至更长时间，人一直琢磨怎么教学，没有人琢磨出来。

——*Feynman's Tips on Physics,* p. 15

我得了一种病，全部的教授也都得这病——就是时间总也不够；我发现的问题，无疑多于我们能够解决的问题。因此，我试图快快地做事，方法是提前把某些东西写在黑板上，抱着每个教授都有的一个幻觉：如果他谈的东西比较多，他教的东西也会比较多。当然，人心能吸收多少资料，有一个确定的比例，但我们不理会这个现象；尽管如此，我们走得过快。

——*Feynman's Tips on Physics*, p. 71

你在学校里学到的不正确的事情之一就是：问题是相对容易的，如果问题被表述出来，你能把问题提出来，你就能解决之——这完全不是真的。

——Interview with Charles Weiner, March 5, 1966
(Niels Bohr Library and Archives with the Center for the History of Physics)

就全部物理学课程而言，我认为麻烦之一，是他们仅仅说：你学全部这个，你学全部那个，当你从另一头出来的时候，你就融会贯通。但是，没有地图，没有"难题向导"，你知道。因此，我想造一张地图。但结果那不是一个可行的想法。我的意思是我就不曾造出这么一张地图。

——Interview with Charles Weiner, June 28, 1966
(Niels Bohr Library and Archives with the Center for the History of Physics)

但是，一定有人活着，不听什么教授讲课，只是坐着读书，自己思考。他们必须从书里琢磨出东西。因此，如果我能保住一些希望，即读书对他们有用处，那么我对这整个的事情或许就能感觉好一些。

——Interview with Charles Weiner, June 28, 1966
(Niels Bohr Library and Archives with the Center for the History of Physics)

我真正在干的事情，是教我自己。我对发表文章一点兴趣也没有，但我确实发现了好多东西。你瞧，我原以为别人都知道全部那些事情。与此同时，我试图教我自己。因此，我学会了许多不为人知的事情，或者几件大家不很知道的事情。我检查——那些事情，后来大家也注意到了，那是简单的，有时候我稍微提前注意到，但我做的主要事情是教我自己。

——Interview with Charles Weiner, February 4, 1966
(Niels Bohr Library and Archives with the Center for the History of Physics)

我最终琢磨出了一个方法，来检验你究竟是教了一个观念呢，还是仅仅教了一个定义。这样检验它，你说："不使用你刚才学到的这个新词儿，试着用你自己的语言来重新表述你刚才学到的东西。"

——National Science Teachers Association Fourteenth Convention lecture, "*What Is Science?*", April 1966

学会一个神秘兮兮的公式来回答问题，是非常坏的。

——National Science Teachers Association Fourteenth Convention lecture, "*What Is Science?*", April 1966

孩子应该得到孩子的答案。"把那东西打开，让我们看看它。"

——National Science Teachers Association Fourteenth Convention lecture, "*What Is Science?*", April 1966

我收到了你2月6日的信，关于为你的孩子们教科学，你让我谈谈看法。我只有一个建议——关于教学材料，千万不要把那些夸夸其谈当回事——找一个好老师，支持她。再也没有其他方法了！

——Letter to Douglas O’Brien (Sunset Hill Elementary School), March 1967

我不希望把时间匀给不学科学的学生。阅读我为科学学生写的东西和谈话记录，我说的任何话别人都容易得到；如果得不到，那就超过了他们的脑筋了。

——Letter to Franklin W. Stahl (University of Oregon), April 1961

[回答一个孩子的问题："时间存在吗？"]假如时间不存在，那又怎样？

——From notes for "About Time" program, 1957

在考虑到孩子们应该学的词和定义的时候，我们应该小心，不要"仅仅"教词。一些人在某个领域中使用专业词语，一般的耳朵听起来怪怪的；通过教专业词语，而不同时教观念或者事实，那就可能搞出一种知识的幻觉。那些观念和事实才需要使用特别的词语，方式还要特别，还要特别在意它们的定义。

——"New Mathematics", written for the California State Department of Education, 1965; *Engineering and Science*, p. 13, March 1965; *Perfectly Reasonable Deviations from the Beaten Track*, p. 453

学生们有一种直觉、一种技巧，能够认识清楚“全部那些胡说”讲的仅仅是“胡说”。看破皇帝新衣的，正是一个孩子嘛！

——Letter to Richard Godshall, March 1966
(*Perfectly Reasonable Deviations from the Beaten Track*, p. 218)

我相信，对一位好老师而言，一本书应该仅仅是一个助手，不应该是一个独裁者。

——Letter to Richard Godshall, March 1966
(*Perfectly Reasonable Deviations from the Beaten Track*, p. 218)

不要忘了你也是一个人，站在你学生的立场上吧。

——Letter to Richard Godshall, March 1966
(*Perfectly Reasonable Deviations from the Beaten Track*, p. 218)

科学是一种不断行进的科目，新的研究总是修正老观念；知道此事，对学生是非常好的。我本人会很高兴看到你们和物理学家对我的那些观点进行用心的批评。

——Letter to Sandor Solt, April 1969
(*Perfectly Reasonable Deviations from the Beaten Track*, p. 251)

简单的问题，答案却复杂，总是笨学生问的。只有聪明学生受到训练，去问复杂的问题，答案却简单——正如任何老师都知道的那样（只有老师认为存在简单的问题，回答也简单）。

——Letter to Professor Michael H. Hart, December 1980
(*Perfectly Reasonable Deviations from the Beaten Track*, p. 330)

仅仅在为研究生教物理方面，我蛮有经验；正因为这样，我知道我不知道怎么教学。

——National Science Teachers Association Fourteenth Convention lecture, "*What Is Science?*", April 1966

我们断定，在研究生院，我们再也不必教基础量子力学课程。在我当学生的时候，在研究生院，他们甚至都没有量子力学的课，大家认为那门课太难了。在我开始教学的时候，我们有这么一门课。现在，我们为本科生教量子力学。我们现在发现，我们不必为从其他学校来的研究生再教基础量子力学。为什么课程往下移了？因为我们在大学里能教得更好了，也因为上来的学生得到了更好的训练。

——National Science Teachers Association Fourteenth Convention lecture, "*What Is Science?*", April 1966

我认为那很重要——起码对我很重要——如果你要教大家做观察，你应该让大家看到某种奇妙的东西，那是可以从观察中得来的东西。

——National Science Teachers Association Fourteenth Convention lecture, "*What Is Science?*", April 1966

我现在知道，一个研究生一晚上的工作，一个教授十秒钟就做完了，这是可能的。

——CERN talk, December 1965

在许多国家有许多物理教学新计划，结果表明任何方法大家都不满意。可能是这样：许多新方法看上去蛮不错，因为没有人试用足够长的时间，也就发现不了那些方法的毛病；而全部的老方法，我们用了足够长的时间，其毛病就显得清清楚楚。

——"The Problem of Teaching Physics in Latin America", 1963

事实是没有人清楚知道如何告诉别人教学；因此，在我琢磨如何教物理的时候，咱必须谦虚，因为没有人知道怎么教。对于新发现，一个严重的问题和一个机会，是同时发生的。

——"The Problem of Teaching Physics in Latin America", 1963

科学是人的一种活动；对许多人而言，科学是一大乐趣，世界上大部分地方的人都应该有机会接触科学，否则教育体系就有缺陷。

——"The Problem of Teaching Physics in Latin America", 1963

靠死记硬背，知识得不到理解，自然之美得不到欣赏。记忆讲不清事情是怎么被发现的，也不能揭示一个善于发明的心灵有什么价值。

——"The Problem of Teaching Physics in Latin America", 1963

我明白，我应该有所反应，因此我打算讲讲我的教学哲学。在沉思默想了好久之后，我发现我一无所得，得到的仅仅是老生常谈，不重要的事情。于是我就打电话，问我能不能讲其他事情，因此我会讲物理学本身的事情，不讲教学的事情了，因为我对教学一无所知。

——Oersted Medal acceptance speech, 1972

比方说你得了一种病，韦格纳肉芽肿或者无论什么病，你在一本医学参考书里查。你可以发现，你当时对这病知道的东西，比你的医生还多，虽然他在医学院里花费了全部的时间，你明白了吧？要了解某个特别的、有限的题目，要比了解整个领域容易得太多了。

——*Omni interview*, February 1979

我一直对我的学生失望。我是一个不知道他在干什么的老师。

——*Omni interview*, February 1979

我的任务是解释全部这个东西，并说服你不要打退堂鼓，因为它显得很费解。那就是我们要花四年时间教给学生的东西：要抓住他，不让他打退堂鼓，是因为那东西看起来让人发疯。此事的有趣之处是，在这种意义上大自然奇怪得无以复加！

——“QED: Photons—Corpuscles of Light”, The Sir Douglas Robb Lectures, University of Auckland, June 1979

我有时候觉得，不教我们的孩子数学和科学这样的科目，那要好得多。如果我们不管年轻人，出于偶然，孩子们会发现一本好书，或者一本老课本，或者一个电视节目，那会让他们兴奋起来。但是，年轻人上了学，他们听说这些课程无趣、可怕，不可能理解。

—— *U.S. News and World Report* interview, February 1985

[谈学校的课本]那些书无意于把课程搞得简单易懂。它们致力于把课程搞得容易知道怎么做才能通过考试，才能取悦老师。

—— *U.S. News and World Report* interview, February 1985

我的理论是：一个兴奋而热情的老师，在一种实验性的新境况中教学——尝试新东西——人格力量喷薄而出，学生们（至少部分学生）情不自禁地跃跃欲试。学生心领神会才好。

—— Letter to Mr. Robert Bonic, January 1974

普及教育是需要的，因为学生为数巨大，需要大量教师。因为有那么多教师，而只有不多几个人真正出类拔萃，我们就必须意识到大多数教师必然平庸，或者呆傻。这不是说这个职业的坏话——这仅仅是一个算数问题。

—— Letter to Mr. Robert Bonic, January 1974

关于你对教学的尝试：那太难了，是吧——你可以把马牵到水里，但你不能让这些笨蛋喝水啊！

——Letter to Malcolm Joseph, January 1982

我生活的小乐趣之一，是一年一两次到范奈高中（Van Nuys High School）去为库茨先生（Mr. Coutts）班级的科学学生回答问题。这项活动是若干年前由库茨先生提议的，我期望每年都搞。问题关于任何事情：相对论、黑洞、云彩、陀螺、磁力，随便你说。这个班很活跃，也很感兴趣，似乎和我一样喜欢。

——Letter to Ms. Melinda Jan, April 1985
(*Perfectly Reasonable Deviations from the Beaten Track*, p. 380)

[给一个学生的建议]如果教授和同学似乎知道某些事情，但对另外的事情漠然视之，也不影响你跟他们学他们知道的东西，同时深入了解他们有盲点的东西。

——Letter to Mr. Alan Woodward, March 1982
(*Perfectly Reasonable Deviations from the Beaten Track*, p. 345)

大多数理论家不知道“线空间”是一个问题。在他们看来，一根电线是一种理想化的细线，不占有任何空间，但干活儿的计算机设计者很快发现，他们不能把足够多的线弄进去。

——“The Remarkable Dr. Feynman”, *Los Angeles Times Magazine*, April 20, 1986

在学生听不懂教授的时候，学生通常认为那是因为他自己迟钝，跟不上。这一次是因为教授没有说出任何合情合理的东西。

——“Tiny Computers Obeying Quantum Mechanical Laws”，
New Directions in Physics: The Los Alamos 40th Anniversary Volume, 1987

把任何课程教得呆滞无趣是容易的——把一门课教得有趣，却非常稀少，但并非不可能。

——Notes

如果你细看任何事物，你会看到没有什么比真相更令人兴奋。真相是科学家的含金矿土。

——*The Meaning of It All*, pp. 12—13

你教的是一种自由、探究、善于发现的心灵的价值——那种心灵，建造了美国；建造美国，是为了那种心灵。

——Notes for talk on “Science in America”

或许会有某个观念，你初次研究它，很难理解。例如，爱因斯坦的理论，或者诸如此类的东西。一个人想了解它，但理解不了。后来，他终于理解了它——比方说，他去教这东西，终于理解了它。他认为他理解它的那种独特方式，比那个东西以前呈现给他的样子，清楚多了。因此，了不得，他投出了一篇文章——看那东西的新方式！其实，那不是一个新方式。我的意思是，那或许也有一点新，但那是非常个人化的方式，那也不算别出心裁。

——Interview with Charles Weiner, March 5, 1966
(Niels Bohr Library and Archives with the Center for the History of Physics)

起先我教学很卖力，课教得很好。我认为学生觉得满意。后来，你又上同样的课，如果你不重新组织，你就不那么卖力了。对教学，我越来越不上心了。如果我教某种以前教过的东西，那就不再是一门好课程了，因为我从以往借了太多的东西；我太懒了，懒得改作业，懒得备课，我认为那不再是好课程了。我认为，身为教师，相对而言，我越来越不用心。我是说，我仍然有用，但我认为我以前是好的，确确实实是好，相对而言吧。现在我懒了。

——Interview with Charles Weiner, June 27, 1966
(Niels Bohr Library and Archives with the Center for the History of Physics)

你知道，有可怕的一大堆死记硬背的学习，一大些专业术语和错误知识等等。一个措辞正确的家伙，就被认为明白事情。我不想多事儿，但在我的孩子学会说话之后，我可以教他——仅仅为乐趣，我认为我会展现这个事情，但我不想烦我那个可怜的男孩——但是，教一个孩子说 π 是圆周与直径的比值，并非不可能。那和教他儿歌一样容易。然后说，π 的数等于3.14159。那样你就傻了。你对你谈的东西没有丝毫想法，你仅仅是听上去不错。

——Interview with Charles Weiner, June 28, 1966
(Niels Bohr Library and Archives with the Center for the History of Physics)

我讲座，我教课，反映如何，我从来不知道。

——Interview with Charles Weiner, June 28, 1966
(Niels Bohr Library and Archives with the Center for the History of Physics)

教给他们我们的社会治理与我们时代的文化，让他们准备得更好，有能力观察和欣赏，或许也能参与人类心灵的最伟大探险。

——Notes for talk on "Science in America"

今天我们没有办法来告诉一个学生如何切实地理解物理学。我们写下了定律，但我们仍然不能说如何切实地理解之。切实地理解物理学的唯一方法，因为我们没有什么法术来表达这一点，那就是按照巴比伦的死板办法，对付好多问题，直到搞出想法。那是我能为你做的全部事情。搞不明白巴比伦的学生，考试不及格；搞得明白的那些家伙，死了；因此横竖一样！

——*Feynman's Tips on Physics*, p. 50

如果我们要解释这个理论，第一个问题是你能理解它吗？你能理解这个理论吗？我首先告诉你，我们第一次向物理学生充分地解释它，那时候他们是三年级的物理学研究生，那么你认为这个答案会是不。那是对的：你不能理解它。

——"QED: Photons—Corpuscles of Light", The Sir Douglas Robb Lectures, University of Auckland, June 1979

我认为我们应该教他们：知识的目的是更多地欣赏自然之妙。知识仅仅是把自然的奇妙放在正确的框架中。

——On teaching science to the public, Galileo Symposium, "What Is and What Should Be the Role of Scientific Culture in Modern Society", September 1964

如果英语教授对我发牢骚，说来到这个大学的学生，在学了那么多年之后，连"朋友"这个词也写不对，我就对他们说：那问题在于"朋友"这个词的写法别扭。

—— "This Unscientific Age", John Danz Lecture Series, 1963 (*The Meaning of It All*, p. 117)

Advice and Inspiration
建议与灵感

加州理工学院提供照片

如果你有什么天资，或者如果你有什么自得其乐的事儿，那就干到底。不要问为什么，不要问你可能遇到什么困难。

——*Perfectly Reasonable Deviations from the Beaten Track*, p. 120

别人认为你应该有什么成就，但你没有责任满足他们。我没有责任活成他们期望我的那个样子。那是他们的错误，不是我无能。

——*Surely You're Joking, Mr. Feynman!*, p. 172; *Classic Feynman*, p. 189

你问我，一个普通人能不能想象一些东西，正如我想象的那样。当然能啊！我就是一个普通人，卖力研究而已。不存在什么奇迹人物。他们碰巧对这个事儿感兴趣，了解全部这种事情，但他们仅仅是人。

——*No Ordinary Genius*, p. 141

[谈启示]我希望金子——能鼓舞你前进。

——Interview with Yorkshire Television program,
"Take the World from Another Point of View", 1972

知道如何解决别人已经解决了的每个问题。

——Written on blackboard when he died

仅仅因为费曼说他支持核力量，那完全不是什么值得注意的说法，因为我可以告诉你(就我所知)，在费曼说起这种事情的时候，他其实不知道他在谈什么。他知道其他事情

（或许）。不要理睬“权威”，你自己思考吧。

——Letter to student Mark Minguillon, August 1976
(*Perfectly Reasonable Deviations from the Beaten Track*, p. 305)

任何真知识必须以某种方式被发现出来。如果一个专家告诉你“一个大人物发明了它”，而那些观念得不到解释，你就信不过他。

——*U.S. News and World Report interview*, February 1985

有时候，你必须干的全部事情——什么也别管，仅仅是以一种别出心裁的方式努力考察一个问题。如果你时不时地记得思考，你就不会“扼杀创造过程”。你没有时间思考吗？

——Letter to Michael E. Stanley, March 1975
(*Perfectly Reasonable Deviations from the Beaten Track*, p. 283)

发现并从事某个有趣之事，它特别叫你开心，那么你就变成了某种暂时的专家。那是一种挽救你灵魂的方法——于是你总是可以说：“好了，起码其他伙计对此一无所知！”

——*Feynman's Tips on Physics*, p. 41

要知道你何时知道，你何时不知道，你知道什么，你不知道什么，你必须非常小心，不要把你自己搞糊涂。

——Yorkshire Television interview,
“Take the World from Another Point of View”, 1972

在科学中，你应该相信逻辑，相信仔细提出的论据，不要相信权威。

——Letter to Beulah E. Cox, September 1975
(*Perfectly Reasonable Deviations from the Beaten Track*, p. 290)

努力研究让你最感兴趣的东西，方式要尽可能地最缺乏训练、最不默守成规、最原创。

——Letter to J. M. Szabados, November 1965
(*Perfectly Reasonable Deviations from the Beaten Track*, p. 206)

有些事情，你希望做得最好，你就要为之工作，尽你所能地努力、多干。如果你能，就别把其他课程的分数搞成零分，设法及格。

——Letter to V. A. Van Der Hyde, July 1986
(*Perfectly Reasonable Deviations from the Beaten Track*, p. 415)

在你年轻的时候，找到你爱干的事儿，那事儿足够大，能占住你全部成年岁月的兴趣，那是很妙的。因为，无论那是什么，如果你做得足够好（如果你真喜欢，你会干好），大家横竖会要为你想干的事儿付钱给你。

——Letter to Eric W. Leuliette, September 1984
(*Perfectly Reasonable Deviations from the Beaten Track*, p. 369)

就某些人而言，在年轻的时候，你只想在一个方面走得快、走得远、走得深——全部其他事情都作为相对没有意思的事情忽略了。但是，后来，你长岁数了，发现几乎样样事情其实都有趣，只要你钻得足够深，而你年轻时候学到的东西，是你钻得更深也更有趣的东西。

——Letter to Mr. V. A. Van Der Hyde, July 1986
(*Perfectly Reasonable Deviations from the Beaten Track*, p. 283)

努力工作，找到某种让你心醉神迷的东西。一旦你找到了，你就知道你一辈子的事业了。

——Letter to student Mike Flasar, November 1966
(*Perfectly Reasonable Deviations from the Beaten Track*, p. 229)

不要想“你想成为”什么东西，只想你“想干”什么事情。

——Letter to V. A. Van Der Hyde, July 1986
(*Perfectly Reasonable Deviations from the Beaten Track*, p. 415)

我对你们只有一个愿望：运气要好，到一个地方，你在那里随心所欲地保持这种正直，我才说的那种正直；你在那里不觉得受到强迫，不觉得需要保住你在组织中的地位，或者要保住经济支持之类，不必为此而丧失了你的正直。祝愿你有那种自由。

——“Cargo Cult Science”, Caltech commencement address, 1974
(*The Pleasure of Finding Things Out*, p. 216)

[谈社交的高雅]那非常时髦，人人都相信人应该高雅，这话不对。你是某种可笑人物，因为你不怎么上道。有好多人高雅，他们微笑着，甚至文质彬彬，蛮有优越感，他们明

白什么是高雅——高雅是一种装，但你起先不知道。

——Interview with Charles Weiner, March 5, 1966
(Niels Bohr Library and Archives with the Center for the History of Physics)

读书不要读得这么多啊，看看你周围，想想你在那里看到的东西。

——Letter to Master Ashok Arora, January 1967
(*Perfectly Reasonable Deviations from the Beaten Track*, p. 230)

只靠物理学，你发展不出一个人格；生活的其他部分，也必须鼓捣进来。

——Letter to Mr. Alan Woodward, March 1982
(*Perfectly Reasonable Deviations from the Beaten Track*, p. 345)

坚持做一个善于思考的人，你将会一直自由，因为自由是思想与行为的一致。

——Notes for a commencement speech

不要一直觉得自己是无名之辈——那活着太悲惨了。知道你在世界上的位置，公平地评估你自己，不要用你年轻时的那些幼稚想法来看你自己，也不要用你错误地设想是你老师的那些理想来看你。

——Letter to Koichi Mano, February 1966
(*Perfectly Reasonable Deviations from the Beaten Track*, p. 201)

我不能相信我曾经说过我喜欢听到老朋友的消息——

或许我喜欢过——但我厌恶回信！

——Letter to Dr. N. H. Spector, September 1985

没有什么问题微不足道或者鸡毛蒜皮，只要我们确实能做某种跟这问题有关系的事。

——Letter to Koichi Mano, February 1966
(*Perfectly Reasonable Deviations from the Beaten Track*, p. 201)

我进了麻省理工学院的数学系，又转到电子工程系一段时间，然后安顿在物理系。物理算个什么领域？除了断定我最喜欢理论研究之外，我还四处乱逛，重视过的事情有分子学、量子电动力学、液氦理论、核物理、湍流（我在最后两个问题那里不成功，因此什么东西也没发表），最近是粒子物理。你能对付什么问题你就对付什么，不必在乎领域。

——Letter to student Mark Minguillon, August 1976
(*Perfectly Reasonable Deviations from the Beaten Track*, p. 306, 309)

我有什么建议？拉倒吧。别害怕。什么给你的乐子最大，你就干什么吧。建造一个云室吗？那就去干那类事情。发展你的才能，不管那会把你引到哪儿去。鱼雷全速前进，管那个！

——Letter to student Frederich Hipp, April 1961
(*Perfectly Reasonable Deviations from the Beaten Track*, p. 120)

告诉你儿子，停止卖力往脑袋里塞科学——因为往脑袋里塞爱情就足够了。

——*No Ordinary Genius, The Illustrated Richard Feynman*, p. 161

我们从经验中得知，真相会出来的。其他实验家会重复你的实验，发现你是错了还是对了。自然现象将同意或者反对你的理论。还有，如果你在此类工作中没能做到非常小心，虽然你或许博取了一时的名声和兴奋，你将得不到身为科学家的好声誉。我说的是这种正直，这种不愚弄你自己的小心劲儿。在野狐禅的科学研究中，这种正直在很大程度上是不见踪影的。

—— “Cargo Cult Science”, Caltech commencement address, 1974

因此，你知道怎么做“三角测量”是头等重要的——就是说，知道如何从你已经知道的事情中琢磨出某种事情，那是绝对必要的。

—— *Feynman's Tips on Physics*, p. 39

最好的事情，似乎是对你最好的事情，不是对我；因此，你会以你自己的自信、兴趣和人格来鞭策你的学生。听别人说三道四，那不好。

—— Letter to Professor P. Mitra, December 1973

如果你觉得你或你的朋友知道得足够多，可以给人出主意，建议上什么课，等等，那是你的事儿。如果不是这样，那么就各人自扫门前雪，回家去，尽你所能为你自己的物理学学生上最好的课。

—— Letter to John M. Fowler, March 1966

我们会假定某种事情：全部能量是正的。如果能量是负的，我们知道我们就能解决全部的能源问题，手段是把粒子倒进负能量的坑里，运作世界而有额外的能量。

——Dirac Memorial Lectures, "The Reason for Antiparticles", 1986

Intelligence
智力

米歇尔·费曼提供照片

我非生而知之，我只是有一点时间，在这里那里改变一下。

——*Perfectly Reasonable Deviations from the Beaten Track*, p. 396

一般的傻瓜无害，你可以跟他们说话，努力帮他们的忙。但浮夸的傻瓜——那些身为傻瓜，还要掩盖，还要给大家留下印象，满脑子胡诌八扯，让大家觉得他们多么奇妙，那个，我忍无可忍！

——*Surely You're Joking, Mr. Feynman!*, p. 284; *Classic Feynman*, p. 264—265

要理解量子力学，或者要想象电磁场，那来自练习、阅读、学习和研究，没有什么天资，没有什么特别的能力。我也不是一生下来就懂量子力学——我仍然不懂量子力学！

——*No Ordinary Genius*, p. 141

一般人不聪明，这整个的看法，是非常危险的思想。即便那是真的，事情也不应该用俗人那样的方式处理事儿。

—— "The Unscientific Age", John Danz Lecture Series, 1963
(*The Meaning of It All*, p. 88)

我不知道那到底是什么，但它有趣：当你做某件傻事时，你不知道你自己的傻，你以此保护你自己。

—— "The Remarkable Dr. Feynman", *Los Angeles Times Magazine*, April 20, 1986

即便你是一个班倒数一二名的学生，那也不意味着你不行。你仅仅应该把你与一伙儿讲道理的人进行比较，而不要和凑在加州理工学院的这伙神经病进行比较。

——*Feynman's Tips on Physics*, p. 18

你首先要对付的事情，是一个人是否知道他正在讲的事情，他讲的东西是否有某种根据。我用的窍门是很容易的。如果你问他一些聪明的问题——就是说，那是鞭辟入里的问题，而非一个论题的那些老实的、坦白的、直接的问题，不用心眼的问题——他很快就被逮住了。那就像孩子问天真的问题；如果你问天真而切题的问题，那么此人就几乎不能立刻知道答案，假如他诚实的话。

——"This Unscientific Age", John Danz Lecture Series, 1963
(*The Meaning of It All*, p. 65)

我是一个探索者，对吧？我对万事万物都好奇，我就想研究五花八门的东西。

——*No Ordinary Genius*, p. 193

我不能创造的东西，我也不理解。

——Written on blackboard when he died

我学会了画画，读了一点东西，但我确实仍然是一个非常片面的人，我知道的不太多。我的心智是有限的，我把这心智用在一个特别的方向上。

——*What Do You Care What Other People Think?*, p. 11, *Classic Feynman*, p. 13

无论我们如何仔细地选人（在1961年加州理工学院只收男生），无论我们如何耐心地分析，学生来到这里，就发生了一件事：结果总有大约一半的人低于平均水平！你当然嘲笑这个事实，因为那对理性是自明的，但对感情却不那么明白——感情不能嘲笑此事。在高中的科学课程中，如果你一直是一二名（甚至可能是第三名），你会觉得你班科学课程平均水平之下的人是完全的傻瓜，可如今你突然发现你在平均之下——你们半数的伙计就是如此——那就是一个可怕的打击，因为你想象那意味着你和高中的那些伙计一样呆，相对而言吧。这就是加州理工学院的很大短处：那种心理上的打击是很难消受的。

——*Feynman's Tips on Physics*, p. 17

The Nobel Prize
诺贝尔奖

休斯飞机公司

我不喜欢荣誉。我欣赏荣誉，是为我做的研究。我知道很多物理学家使用我的研究。我不需要其他的。我不认为其他事情有任何意思。瑞典科学院的某人断定这项研究工作“足够高贵”，可以获奖，我看不出这有任何意义。我已经得到了奖赏：这份奖赏就是发现东西的快乐，是这项发现中的激情，是可供其他人利用的观察结果。这都是真东西。

——*No Ordinary Genius*, p. 82

你知道，我是在1949年做这项研究的。我猜大家认为诺贝尔奖都发完了，就回顾旧东西。

——*South Shore Record*, October 28, 1965

因此，你们瑞典人，连同你们的荣誉、你们的喇叭，以及你们的国王——原谅我吧。因为我终于明白——这些事情为通向心灵提供门径。聪明而文雅的人民使用这些东西，能产生美好的感情，甚至能在人间产生爱，那甚至超越了你们自己的土地。为此教益，我谢谢你们。Tack（谢谢）!

——From Les Prix Nobel en 1965 [Nobel Foundation], Stockholm, 1966

因此，我在年轻时钟爱的老理论有什么遭遇呢？那个，我要说，老理论变成老太太了，她的吸引力所剩不多了，今天的年轻人看到她，也不心跳了。但是，我们可以为任何老太太说出最好听的话：她一直是一位非常好的母亲啊，她生了一些非常好的孩子啊。为对那些老太太理论之一的奉承，我感谢瑞典科学院：谢谢你们。

——From *Nobel Lectures, Physics 1963—1970*, Elsevier Publishing Company, Amsterdam, 1972

获奖的愉快之事中，有一种是听以前的学生说话。

——Letter to Loren A. Page, November 1965

我听到关于诺贝尔奖的事情，我也兴奋，和你的想法是一样的：我打小手鼓，终于打出名声了。

——Letter to Sandra Chester
(*Perfectly Reasonable Deviations from the Beaten Track*, p. 163—164)

有各种各样的东西，有严肃的和幽默的，有电报和书信。在每一件东西中，我都读到那些人的快乐，读到一些真正的爱的感情，那彻底感染了我，让我感到了所有那些人的真爱，因为他们对这些庆祝活动似乎非常关心，非常快乐。我不曾意识到各种事情纷至沓来，那确实让你感觉良好。因此，那是得奖这整个事儿的好的部分，那些信。那是好的部分。

——Interview with Charles Weiner, June 28, 1966
(Niels Bohr Library and Archives with the Center for the History of Physics)

我们不曾用胶子定量地检查这个理论——它可能是错误的。我们只有几个实验来检查W玻色子——那可能是错误的。一方面，为什么它看起来居然像是同一种东西的重复？首先：人类的想象力有局限。他看到一个新理论和一个新现象，就想把这个现象嵌在那个理论中，直到做了足够多的实验，也不知道那不管用。因此，他于1979年在新西兰讲课的时候，他认为那是管用的！

——“QED: New Queries”, Sir Douglas Robb Lectures, University of Auckland, 1979

有个伙计在炸药上赚了大钱，就想把自己搞得不同凡响，把他的名字搞在一个大奖项上，因此人人都记得“诺贝尔”这个名字，因为那个，我心烦。去它的。

——“Nobel Prize: Another Side of the Medal”,
The Los Angeles Times, October 7, 1983

抛头露面，跟国王吃饭，跟国王见面，领奖，净这些事儿，瞧见吧。最坏的是我嘲笑国王以及此类事情。我嘲笑仪式。我以前是那样，现在也一样。我为这种事情发笑。在这里，我不得不混迹其中。别人做这些事儿，我嘲笑之，不算非常离谱；但当你置身其中，因为你在领奖，等等，你就从善如流，不搞某种——你知道，你以前习惯于嘲笑，此刻你是大腕，身在其中，再也不笑了，哈哈哈！

——Interview with Charles Weiner, June 28, 1966
(Niels Bohr Library and Archives with the Center for the History of Physics)

你得了诺贝尔奖，你犯的真正的错误，是你把那一切都看得过分严肃了，比方说，这个演说。我非常烦——搞这么一个演说，合适吗？那一丝半点的用处都没有。演讲其实不非常重要。你说什么都行，无关紧要。毕竟，我可否让你知道，我一辈子都不曾读过别人的诺贝尔演说？演说稿出版了，但谁读啊？

——Interview with Charles Weiner, June 28, 1966
(Niels Bohr Library and Archives with the Center for the History of Physics)

如果有人说："我们需要一个诺贝尔奖得主，让他签署一封给苏联的信，是关于犹太人问题的。"我就说："我愿意签署一封给苏联的关于犹太人的信，但我不愿意以诺贝尔奖得主的身份去签署一封给苏联的关于犹太人的信。"

——Interview with Charles Weiner, February 4, 1966
(Niels Bohr Library and Archives with the Center for the History of Physics)

现在事情居然是这样：在你得了诺奖之后，大家认定你也能为你没得奖的事情讲几句。他们为你发那个奖，我应该认为他们是知道为什么发的；但是，他们看起来是有点不怎么知道为什么发的奖。

——CERN talk, December 1965

[听到获得了诺贝尔奖]电话响了，那伙计说他是一个广播公司的。我给吵醒了，非常烦。那是我的自然反应。你知道，你半睡半醒，你会烦。因此，那个伙计说："我们很乐

意通知你，你得了诺贝尔奖。”我暗自思忖——我仍然烦着呢，明白吧——我仍然没清醒。因此，我说：“你本可以在上午告诉我嘛。”他就说：“我还以为你喜欢知道呢。”好吧，我说我还睡着呢，就把电话放回去了。

——“Nobel Prize: Another Side of the Medal”,
The Los Angeles Times, October 7, 1983

我把我自己视为一个普通的伙计，我讨厌别人发现我。我讨厌发现我看自己的方式不是别人看我的那种方式。他们把我搞成某种诺贝尔奖得主，但我确实仍然不觉得我跟我以前有什么不同。

——Future for Science interview
(*The Pleasure of Finding Things Out*)

人人都总是乐意把“诺贝尔奖得主”选来当重要的科学家的例子，这叫我恼恨。我们为什么那么在意瑞典科学院院士们的选择？那对无知的公众而言，或许还算不错，但一位科学老师真的能够做出自己的选择，他知道哪些科学家激发了他的想象力，知道该让学生们注意哪些人。

——Letter to Mr. Stuart Zimmer, February 1982
(*Perfectly Reasonable Deviations from the Beaten Track*, p. 340)

我时不时地对身为“诺贝尔奖得主”这件事感到厌烦。

——Letter to Mr. Stuart Zimmer, February 1982
(*Perfectly Reasonable Deviations from the Beaten Track*, p. 340)

要挤出象牙之塔，是非常难的；光线太强，晃眼。更叫人受不了的是，想到我穿着燕尾服，从瑞典国王手里接过某种东西，电视摄像机还在一旁盯着。

——Letter to Betsy Holland Gehman, November 1965
(*Perfectly Reasonable Deviations from the Beaten Track*, p. 187)

听到老同学的问候，不亦乐乎；得了诺贝尔奖，这是最好的那部分事情之一。各种各样的人，我以前认识的，喜欢的，但好久不通音信，如今都活蹦乱跳地跑出来了。

——Letter to Wanna M. Hecker, November 1965

我以前常常能到任何一所高中，在物理学习小组回答问题。但是，现在，他们甚至都不问我问题了。他们害怕了。他们不乐意请一个诺贝尔奖得主对物理学习小组说话。如果有某个学生终于鼓起勇气问我，接下来的事儿，是我说，好哇。等到了那儿，那里不只是物理学习小组，而是全校师生。校长或者物理老师发现了物理学习小组的那个孩子干了什么事儿，他们就说："哎呀，他这人太重要了，人人都对这伙计感兴趣嘛。"这荒腔走板了，我打不起精神了。

——"The Remarkable Dr. Feynman",
Los Angeles Times Magazine, April 20, 1986

[谈得了诺贝尔奖]你无处可逃。一个伙计半夜三更给你打电话，我的第一反应，是我不要这奖了。但是，然后我意

识到，如果我那么说，我就成了更大的臭石头了，还不如干脆领了奖。你束手无策。如此叫人束手无策，不公平啊。为什么你的私生活和样样事情偏得受别人的干涉，没有什么道理嘛。

——“Nobel Prize: Another Side of the Medal”,
The Los Angeles Times, October 7, 1983

[得了诺贝尔奖之后]我们收到几百封来信，全世界的朋友发来的，还有亲戚——如我的一位亲戚，碰巧在一艘船上，你知道，从西班牙开到某处，哇，他简直是大张旗鼓，发来一封长篇电报。我接到一个从墨西哥市打来的电话，我听不清，因为电话系统不那么好。我仍然试图打回去，告诉那个人，我很喜欢他打电话来，谢谢他们打电话，但我不知道他的电话号码，我就束手无策了。很难听清楚，但我最终明白那是谁。各种各样令人兴奋的事儿。非常可爱的来信。它们都充满了——某种快乐。人人都兴高采烈，每一封信都表示一家人的某种兴奋，无论是谁。

——Interview with Charles Weiner, June 28, 1966
(Niels Bohr Library and Archives with the Center for the History of Physics)

跳舞之后——你知道，我得放松放松，受不了那些繁文缛节——我当时过分拘谨了。等我不正式了，我就放浪形骸，你知道。因此，在开始跳舞的时候，我们就开始跳，我是跟我妻子跳；然后我跟另外一个人跳，是一位诺贝尔奖得主的妹妹。我不跟公主跳，因为我有一种——你知道，我连想都不想。

——Interview with Charles Weiner, June 28, 1966
(Niels Bohr Library and Archives with the Center for the History of Physics)

我跟我妻子跳舞，我跟一位诺贝尔奖得主的妹妹跳舞，那时候大家在照相，一直在照——咔嚓咔嚓，镁光闪闪。在我跟这位姑娘跳的时候，我跟她跳了两次，跟别人也跳两次——没人拍照，什么也没有，报纸上连一张照片也没有，什么也没有。显然，这里有什么事情不对劲，你明白，他们这是保护诺贝尔奖得主，免得他们傻乎乎。但是，这是我放松的办法，我不想那么正式。我必须干点什么事情，因为我必须从下层出人头地，你明白我那是什么意思吗？那有趣。那好笑。

——Interview with Charles Weiner, June 28, 1966
(Niels Bohr Library and Archives with the Center for the History of Physics)

这个奖是一个信号，让他们表达感情，让我了解他们的感情。每一种快乐，尽管是转瞬即逝的兴奋，在许多场合重复过了，也等于好大一份人类的快乐。每一个喜爱的表示，一个接一个地释放出来，使我意识到我的朋友和熟人的爱有多么深，我在以前不曾有如此深刻的感受。

——From Les Prix Nobel en 1965 [Nobel Foundation], Stockholm, 1966

见鬼去，假如我能跟普通人解释它，它也不配得诺贝尔奖啊。

——*People*, July 22, 1985

[下半夜被吵醒，得知得了诺贝尔奖之后，他对一位记者说]这一小时真是见鬼了。他们本可以在上午找我嘛。

——California Tech, Caltech student newspaper, October 1965

是啊，“给我们一句名人名言”确实是他们想说的话。我琢磨不出一种说名人名言的方法。我逐渐搞出了一个方法，但那太晚了——说我一直研究放射和物质的相互作用。那听起来不错，但等于什么也没说。

——Interview with Charles Weiner, June 28, 1966
(Niels Bohr Library and Archives with the Center for the History of Physics)

Worldview
世界观

米歇尔·费曼与卡尔·费曼提供照片

第一原则是你一定不可自我愚弄，而你是那个最容易遭到愚弄的人。

—— *The Pleasure of Finding Things Out*, p. 212; *Classic Feynman*, p. 494

然而，聪明是相对的。

—— Audio recording of *Feynman Lectures on Physics,* Lecture 4, October 6, 1961

你总是对你自己说:“我能做那个，但我不想做。”那是你做不了的另一种说法嘛。

—— *Surely You're Joking, Mr. Feynman*!, p. 68; *Classic Feynman*, p. 79

知道东西的名字，和知道东西，这两者的不同，我很早就明白。

—— *What Do You Care What Other People Think*?, p. 14; *Classic Feynman*, p. 15

我相信，接受这个想法是必要的，不仅为科学，也为其他事情：承认无知，大有价值。在生活中，我们要做一个决定，我们不见得知道那决定是不是正确，这是一个事实；我们仅仅认为我们在尽力而为——那正是我们应该做的。

—— *The Pleasure of Finding Things Out*, p. 248

断定什么是好思想，不靠权威。

—— “The Uncertainty of Science”, John Danz Lecture Series, 1963
(*The Meaning of It All*, p. 21)

你干吗在乎别人怎么想?

——*What Do You Care What Other People Think?*

无论我干什么，干好事或者干坏事，我都有这么一支忠诚而长久的啦啦队。知道此事，很妙啊。

——Letter to Evie Frank, December 1965

每天早晨六点，我都有这个可笑的习惯，出去慢跑（每小时6英里），跑5英里或6英里。我没琢磨这是为什么——我不知道这会不会让我感觉好些或者怎么的。我一直觉得不错，但我在开始慢跑之前也觉得不错。

——Letter to Mariela Johansen, January 1975

关于科学家怎么看爱情之类，揶揄的段子太多了。我觉得那真不算对，科学不是一桩又呆又难又冷的买卖。其实我当时相信，我现在还相信，如果运用得当，科学为你提供一种看世界的方式，看你遇到的那些事情的意义的方式，你会得到一些把握和镇定，否则事情就棘手，诸如此类。

——Interview with Charles Weiner, March 5, 1966
(Niels Bohr Library and Archives with the Center for the History of Physics)

我有一种哲学，就是不为过去所做的事情后悔。只是设法记住你当时为什么做出那样的决定。

——*Perfectly Reasonable Deviations from the Beaten Track*, p. 421

[谈汉斯·贝特]和大多数欧洲人一样，他是一个颇为严肃的人。这意思是他想法比较好，在啤酒会上谈学术问题是合法的嘛。我说的就是这意思。

——CERN talk, December 1965

我们活在一个仍然能有所发现的时代，幸运啊。

——*The Character of Physical Law*, p. 127

如果你认为科学是板上钉钉的——那好，那仅仅是你自己犯的一个错误。

——*The Character of Physical Law*, p. 77

对一桩神秘之事稍知一二，并不伤害其神秘性。

——*Feynman Lectures on Physics*, vol. 1, p. 3

我们在这个星期尝试的是兄弟情谊，不是一种坚持七天的观点，也不简单地是一个永远要记住的概念。兄弟情义必须是一个行动日程，一个世界人民之间真正积极合作的日程。这种合作不仅是一种可喜之事；对包括你和我在内的地球芸芸众生的区区一部分的生存，也是必要的。

——Notes from before Los Alamos

关于旧时的记忆有多么可靠，我很好奇；当我们回顾旧事的时候，我想知道有多少是我们在自己心里杜撰的。我们记得的事情，或许就是我们乐意说的事情。

——Letter to Dr. Judah Cahn, March 1983
(*Perfectly Reasonable Deviations from the Beaten Track*, p. 362)

有某种事情能深深地打动我，此事非常怪异：我猜想，每个人在脑袋里转悠什么东西，或许大大不同。

——BBC "Fun to Imagine" television series, 1983

一个人撒手人寰，我跟大家一样悲哀；人生人死，为全部人类的生命平添了意味与兴趣。

——In a telegram to Dr. Aage Bohr, regarding the death of Dr. Neils Bohr

假设有某种大灾变，全部科学知识都要被毁灭，只有一句话劫后余生，传给后代；这句话用最少的词包含最多的信息，最好的这句话怎么说？我相信，那就是原子假说，或原子事实，或无论你怎么个叫法，即全部东西都是由原子构成的，原子是到处乱转的小粒子，一直在动，有所分离就互相吸引，挤压一处就互相排斥。在那个独一无二的句子中，稍事想象和思考，你就会看到关于世界的巨量信息。

——Audio recording of *Feynman Lectures on Physics,* Lecture 1, September 26, 1961

值得对付的问题，是那些你真能解决或者能搭把手的问题，是那些你真能有所贡献的问题。如果问题摆在我们面前未被解决，我们又看得出钻研它的门道，那就是科学上的大问题。我建议你姿态更低，或者如你所说的，姿态更卑微，直到你发现了某种你确实容易解决的问题，不管那问题有多么琐屑。你会得到成功的愉快，也为对你的同事有帮助而愉快，即便你仅仅回答了能力不如你的一位同事心里的问题。

——Letter to Koichi Mano, February 1966
(*Perfectly Reasonable Deviations from the Beaten Track*, p. 198)

如果你看得对劲，世界就是一大堆乱颤的东西。

——BBC "Fun to Imagine!" television series, 1983

我正在努力搞出清晰性，清晰性确实是一种不很肯定却也深思熟虑的、宛如图画的、半视觉的东西。

——Quoted in James Gleick,
Genius: The Life and Science of Richard Feynman, 1992, p. 244

不同文明的那些伟大的时代，其特点是人们对成功具有极大的信心，他们相信自己有某种不同以往的新东西，他们确信单凭自己就能搞出那种新东西。

——MIT centennial, "Talk of Our Times", December 1961

颇可肯定的是，许多东西是继承来的，但在对这些事情还很少知识的今天，断言存在一个货真价实的犹太民族，或者存在确定而特殊的犹太遗传特性，却是邪恶而危险的。

——Letter to Tina Levitan, February 1967
(*Perfectly Reasonable Deviations from the Beaten Track*, p. 235)

为了说好话，就选取一些特殊品质，据说那来自犹太人的一些遗传特性，这就为关于种族优越论的全部胡说八道打开了大门。这种理论观点，被希特勒利用了。你肯定不能一方面断言某些可贵品质能够在“犹太人”那里得到遗传，同时又否认另外一些令人觉得讨厌或者更坏的品质不会被同样的“犹太人”继承。

——Letter to Tina Levitan, February 1967
(*Perfectly Reasonable Deviations from the Beaten Track*, p. 235)

反犹太主义是错误的，这不是说犹太人真的完全不坏，而在于邪恶、愚蠢和粗鲁并非犹太人的专利，而是全人类的普遍品性。

——Letter to Tina Levitan, February 1967
(*Perfectly Reasonable Deviations from the Beaten Track*, p. 235)

[*在参加原子弹研制之后，谈他的精神健康*]我看到人们在建造大桥，我会说：“他们不明白啊。”我确实相信制造任何东西都没有意思，因为那反正很快就会被毁灭殆尽，但大家不明白那个。对我看到的任何建设场面，我都有这种非常奇怪的看法。我总是想，他们居然想造什么东西，那有多么蠢啊。因此，我确实处于一种抑郁状态中。

——*The Pleasure of Finding Things Out*, p. 11

亲犹太主义是错误的，这不是说犹太人或者犹太传统真的不好，毋宁说它错就错在聪明、善良与和气并非犹太人的专利，谢天谢地，而是全人类的普遍品性。

——Letter to Tina Levitan, February 1967
(*Perfectly Reasonable Deviations from the Beaten Track*, p. 235)

对我的那些故事，我的两个孩子的反应非常不同，那是不是因为一个是男孩而另一个是女孩，这个我不知道。我认为人是非常不同的；如果我有两个儿子，他们的反应也会不同——或许吧。

——Letter to Dorothy Weeks, February 1983
(*Perfectly Reasonable Deviations from the Beaten Track*, p. 358)

The Future
未来

米歇尔·费曼与卡尔·费曼提供照片

为什么要完全重复这个？因为日日夜夜，新人辈出，因为人类历史发展出了非常伟大的思想；除非有目的地、清晰地代代相传，那些思想是传不下来的。

—— "The Uncertainty of Science", John Danz Lecture Series, 1963
(*The Meaning of It All*, p. 4)

如果我们困在某个地方，历史就在这个地方不想重复自己了。这把事情搞得更加令人兴奋，因为我们看无论什么东西——方法和门道，事情看起来都非常不同于我们以往见过的任何东西，因为我们已经用过以前的全部方法。

——Yorkshire Television interview,
"Take the World from Another Point of View", 1972

如果我们认为往昔是漫长的时间，未来似乎就更加漫长得不可思议。

——From notes for "About Time" program, 1957

我们总可对别人说："你真是很聪明啊，你解释了世界为什么必得恰恰是这个样子，我们迄今发现它就是这个样子。但是，明天世界会是什么样子？"我们的哲学活力，来自这么一个事实：我们仍然在挣扎。

——MIT centennial, "Talk of Our Times", December 1961

基础物理学，寿命有限。它还会活一段时间。在目前这一刻，它还在高歌猛进，我也不想抽身而退；但是，我是沾了如下这个事实的光：我活得恰逢其时。

——MIT centennial, "Talk of Our Times", December 1961

我们喜欢改善生产，但我们在自动化方面有麻烦。我们为医学的发展而沾沾自喜，然后我们就为生孩子太多而忧虑，也为没有人死于我们已经消灭了的那些疾病这个事实而忧虑。另一方面，有了关于细菌的相同的知识，我们有秘密实验室，人们不遗余力地工作，却是为培养出一些疾病，别人都找不到治疗方法。我们为航空运输的发展而沾沾自喜，大型飞机让我们叹为观止，但是我们也意识到空战的极度恐怖。我们为国际通信的能力而高兴，然后我们就担心这个事实：我们胡乱打探私事，也非常容易。我们如今可上九天揽月，我们为这个事实而兴奋；嗨，我们在这个方面无疑也会有麻烦。在如此这般的事情当中，最有名的当然是核能的发展，及其明显的问题。

——"The Uncertainty of Science", John Danz Lecture Series, 1963
(*The Meaning of It All*, p. 6)

我们活在今日，而人类种族的历史才刚刚开始。以往有千千万万年，未来的时间有多少，不为人知。存在各种各样的机会，存在各种各样的危险。

——"The Uncertainty of Values", John Danz Lecture Series, 1963
(*The Meaning of It All*, p. 56)

从人类历史的长远眼光来看，比方说从一万年以后来看，19世纪最重要的事件，我们断定是麦克斯韦发现了电动力学的那些规律，可以说是无可怀疑的。与在相同的十年内发生的这件重要的科学事件相比，美国内战黯然失色，沦为本乡本土的鸡毛蒜皮。

——*Feynman Lectures on Physics*, p. 1—11

要回答你的问题（我认为核能是对人类的诅咒，还是对人类的拯救），我很抱歉，我只能说我真不知道。展望未来，我没有希望，也没有恐惧；我只是拿不准将来会是怎样。

——Letter to Dr. David A. Marcus, February 1975
(*Perfectly Reasonable Deviations from the Beaten Track*, p. 279)

我希望未来的世代有自由，自由地怀疑、发展；自由地继续冒险去发现做事情、解决问题的新方法。

——“The Uncertainty of Values”, John Danz Lecture Series, 1963
(*The Meaning of It All*, p. 56)

我们仅仅处在人类发展的开端上；关于人类的发展，关于心智生活的发展，我们在未来有许多、许多年。关于事情会是怎样，我们今天的责任不是回答这个问题，不是把每个人都驱赶到那个方向上，说“这是解决一切问题的方法”。因为我们会受到羁绊，我们目前的想象力还有限。

——Galileo Symposium, “What Is and What Should Be the Role of Scientific Culture in Modern Society”, September 1964

我们正处于人类发展的开端。我们与许多麻烦纠缠，这并非没有道理。但是，未来有千千万万年。我们的责任是做力所能及之事，了解力所能及之事，改善解决方法，并传给后来人。

——*The Pleasure of Finding Things Out*, p. 149; *Classic Feynman*, p. 489; *What Do You Care What Other People Think*?, pp. 247—248

我常常做这个假设：物理学最终将不需要数学陈述，到末了机制将昭然若揭，定律将会简单，好像跳棋盘，上面的复杂细节都明明白白。

——*The Character of Physical Law*, pp. 57—58

往昔的人，活在其时代的恶梦里，对未来也有梦想。既然他们的未来已在今天实现，我们在许多方面看到，今天超过了他们的梦想，但我们今天在更多的方面有很多梦想，那在很大程度上是往昔的梦想。

——Galileo Symposium, "What Is and What Should Be the Role of Scientific Culture in Modern Society", September 1964

因此有很多事情从一门科学跑到了另一门科学中，最重要的是这种越界是科学的性格，批判性的性格。事情在很大、很大程度上是相同的。污垢之源与错误之源，实际上不同，但你仍然能明白这么一个想法：某个念头，有意思，还是没有意思？

——Interview with Charles Weiner, June 28, 1966 (Niels Bohr Library and Archives with the Center for the History of Physics)

未来总不确定。未来，有吗？

——Notes

有不多的年轻人，希望当理论物理学家的年轻人，他们意气风发，采取这种态度："那些家伙，长年累月地不知道自己在谈些什么鬼话，他们连最简单的问题都解决不了。我将让他们瞧瞧，事情应该怎么办。"后生可畏，那可能会发生。

——Caltech lecture on particles, 1973

我曾有一本谈微积分的书，书上说："一个傻子能干出的事情，另一个傻子也干得出。"我们关于自然能琢磨出的东西，对不曾研究过自然的人而言，或许显得抽象而可怕，但那是傻子干出的事；在下一代，全部傻瓜都会理解它。

——*Omni* interview, February 1979

每一代从经验中有所发现，必须传之后世，但要传下去，必须在尊重与不敬之间有一种微妙的平衡，如此一来人类如今意识到自己趋向于得的那种病，就不会过分厉害地折磨年轻一代，但这确实能把积累起来的智慧传下去，外加那些或许不算智慧的智慧。

——National Science Teachers Association Fourteenth Convention lecture, "*What Is Science?*", April 1966

如果一个人穿过一座建筑物，从一边走到另一边，还是没有走到门口，他或许会吵起来："看，我们穿过了这座建筑物，我们还没有走到门口；因此，另一边没有门。"在我看来，我们穿过了建筑物，事情似乎是我们不知道那是一座无限的建筑物，还是一座有限的建筑物，因此仍然有这么一个可能性：有一个最终的解决办法。有一件事会发生，我想：如果一个最终的解决办法被发现了，那在科学哲学中是一个退化。

——MIT centennial, "Talk of Our Times", December 1961

我的儿子也像是那样，虽然他比我在他那么大的时候的兴趣更广得多。他对魔术、对计算机编程、对早期教会史、对拓扑学感兴趣——哦，他难过的日子来了，有趣的东西太多了啊。

——*Omni* interview, February 1979

Honoring Richard Feynman
颂扬理查德·费曼

米歇尔·费曼与卡尔·费曼提供照片

他有他那一代人中最别出心裁的头脑。

——Freeman Dyson of the Institute for Advanced Study in Princeton,
New York Times, February 17, 1988

他是他的时代最有创造力的理论物理学家，一位真正的天才。他以其独一无二的创造力，触及物理学的每个领域。

——Sidney D. Drell, former president of the American Physical Society,
New York Times, February 17, 1988

在科学中，与人类事业的其他领域一样，有两种天才："普通天才"和"魔法天才"。一个普通天才，是你和我都配当的那么一个伙计。普通天才的头脑是怎么运作的，没有什么神秘之处。一旦我们理解了他完成的事情，我们感觉我们肯定也能办得了。魔法天才与此不同……即便在我们理解他们做好的事情之后，那仍然是一片漆黑……理查德·费曼是才干最高的魔法师。

——Marc Kac, *Enigmas of Chance*, p. xxv

斯诺（C. P. Snow）如此描绘费曼："宛如电影演员格劳乔·马克斯（Groucho Marx）出演的一位大科学家。"

——"The Cult of Richard Feynman", *Los Angeles Times*, February 2, 2001,
quoted *in Lectures on Computation*, ed. Tony Hey

我会扔下一切，去听他讲城市排污系统的讲座。

——David Mermin of Cornell, cited in Lectures on Computation, ed. Tony Hey

费曼有意识地努力从一个不同而有利的观点看问题。那是故意的。

——Tom Tombrello, Caltech oral history, interview by Heidi Aspaturian, p. 62

我在想如何衡量费曼有多么聪明，因为那不是任何标准种类的聪明。正是这种另眼看世界的方式，他才努力达到目的。我认为他在那上面干得确实卖力，也以多种神奇的方式取得了成功。

——Tom Tombrello, Caltech oral history, interview by Heidi Aspaturian, p. 62

哈，费曼重新发明了这个轮子，但结果那变成了一个好得多的轮子。

——Valentine L. Telegdi, Caltech oral history, interview by Sara Lippincott, p. 28

费曼并非理论家所说的那种理论家，而是物理学家所说的那种物理学家，是老师的老师。

——Valentine L. Telegdi, *Most of the Good Stuff*, p. 162; *also in Physics Today*, February 1989

他是第二个狄拉克，只有这次他算是俗人。

——Eugene Wigner, quoted by Robert Oppenheimer in a letter to Professor Raymond Birge, University of California—Berkeley, 1943

一个诚实的人，我们时代杰出的直觉主义者，是任何敢于敲击不同鼓点的人的一个现成的最佳榜样。

——Julian Schwinger, in his obituary of Feynman, Physics Today, February 1989

我对费曼略知一二，我会说费曼在一天里能干的事，我一百个约翰·莱登永远干不了，永远。

——John Rigden, 2003, interview with Dr. Dudley Hershbach, American Institute of Physics

他名声很大啊。他已经被呼为普林斯顿的那个非常聪明的家伙，什么都知道。他也确实什么都知道，你知道的。他确实为我们解决了一些问题，实话实说嘛。

——Philip Morrison, 1967, interview with Charles Weiner, American Institute of Physics

你可以和费曼说话，他的回答是精确的，是一个实验物理学家能理解的那种回答，起码他认为能理解。

——Carl Anderson, 1979, interview by Harriett Lyle,
California Institute of Technology Archives

费曼面临一个数学问题时非常有直觉力。他会找到解决那个问题的方法，或者证明他猜测的某种东西是真的。这些路数颇有独创性，数学圈子通常认为那完全离经叛道。但那管用。他对数学理解得足够好，足以发明内在正确的新数学。他在此不曾犯错误；他居然就搞出了别出心裁的办法，去做那些与他的经验相符合的事情；成就的结果，别人有时候要理解是怎么办成的，着实费思虑。

——Charles A. Barnes, interview with Heidi Aspaturian, session 4,
Caltech Oral History Archives, July-August 1987

在到瑞典领诺贝尔奖之前，他在校园里的卡伯特森

(Culbertson)小剧场——以前是在校园里——为当地人讲了一堂绝对精彩的课。那是一个漂亮的小建筑，我猜能装两三百人。我们心醉神迷，听费曼非常清楚而特别谦虚地解释，那是典型的理查德·费曼式的说明，他怎么走到这一地步，最终应邀到瑞典去领诺贝尔奖。他解释说，他有此造诣，能够为量子电动力学阐发规律，方法是钻研别人向他提出的每个非常难的量子电动力学问题。

——Charles A. Barnes, interview with Heidi Aspaturian, session 4,
Caltech Oral History Archives, July-August 1987

但是，无论费曼到哪儿讨论标准理论的那些难题，他都请大家挖掘他们解决不了的问题，或者用难得不可思议的方法来解决的问题。对他特别有用的东西，是那些别人已经解决了的问题，仅仅是解决起来太难了。借助于考察这些问题，他用自己的方法来解决难题，费曼发展出了他自己的一套规律。

——Charles A. Barnes, interview with Heidi Aspaturian, session 4,
Caltech Oral History Archives, July–August 1987

我记得理查德·费曼说："我永远琢磨不透其他伙计们正在做的事情，因此我用我自己的方法去做。"你知道，那使费曼全然与众不同。

——Thomas A. Tombrello, interview with Heidi Aspaturian, session 3,
Caltech Oral History Archives, December 26—31, 2010

加州理工学院货真价实的最别出心裁的人。

——Thomas A. Tombrello, interview with Heidi Aspaturian, session 6, Caltech Oral History Archives, December 26—31, 2010

有了费曼，就有费曼效应。那就像中国饭店效应——饭后十分钟，你又饿了。有了费曼，课就讲得清清楚楚，你都不用记录。课后五分钟，你却不能复述课程！我记得马特·桑德斯和莱顿，大家都像那样，在上大一的物理课上记费曼讲课的笔记。他们常常意识到，在讲完之后，他们不能重述讲的东西。他们为板书拍照片。他们为费曼录音。还是那样，还有某种东西不可捉摸。我不是说费曼讲错了或者讲得不完整。他讲得微妙。你意识不到那种微妙，因为它如行云流水，讲得非常漂亮。那是一件艺术品。但你得一直意识到这个事实：因为费曼把事情搞得似乎如此简单，你就错过了关键的东西。费曼效应，非常有趣啊。

——Thomas A. Tombrello, interview with Heidi Aspaturian, session 6, Caltech Oral History Archives, December 26—31, 2010

我与费曼有一种非常奇怪的交往。我们正讨论着什么事情，他对我说："如果我对此事绝无所知，我就不说我对此事有所知。"这意思说得非常友好。那不会得罪你。

——Samuel Epstein, interview with Carol Bugé, session 3, Caltech Oral History Archives, December 19 and 26, 1985, and January 10, 1986

他和你谈话时让你觉得他迷人而机智，你突然觉得你能研究高水平的物理学。他是一位奇妙的聆听者。

——Jenijoy La Belle, interview with Heidi Aspaturian, session 3, Caltech History Archives, February-May 2008, April 2009

学生尊他为加州理工学院的守护神，他当之无愧。

——Steven C. Frautschi, interview with Shirley T. Cohen, session 1, Caltech History Archives, June 17, 2003

我记得费曼的故事。他们叫他来，说："你得了爱因斯坦奖。"他说："哦，那是什么东西？"他们说："那个，你得了15000美元。你不得说点什么吗？"他说："热狗！"

——Seymour Benzer, interview with Heidi Aspaturian, session 11, Caltech Oral History Archives, September 11, 1990—February 1991

我不很了解费曼。我也很了解他，可以喊他昵称，但那就是全部；我们交往不多。我说："迪克，星系的核心有什么特别之处？为什么我们应该把某种东西视为核心那个样子？那有什么特殊之处吗？"他站在那儿，低头看这个（放在地板上的图）。他说："那就是上帝的住处。"

——James A. Westphal, interview with Shirley K. Cohen, session 3, Caltech Oral History Archives, July 8—29, 1998

他对我影响巨大，不仅在学术上，也在寻求真理的意义上。驱使着他的全部这些深藏不露的事情——不单是他多么聪明——对我的影响是很大的。

——Barry C. Barish, interview with Shirley K. Cohen, session 5, Caltech Oral History Archives, July 21, 1998

费曼更多地是一个兴高采烈的人，更多地确实是一个性格外向的人。生活对他仅仅是快乐，即便他得了全部医学上的病。他完全彻底地是一个快乐的人。

——Hans A. Bethe, interview with Judith R. Goodstein, session 1, Caltech Oral History Archives, February 17, 1982

关于费曼，让我留下印象的事情，是你可以问他问题；如果那不是一个很好的问题，他也接过来，把它转一个圈，而答案或许是一个好问题的答案。

——Alvin V. Tollenstrup, interview with David A. Valone, session 2, Caltech Oral History Archives, December 23, 1994

我当研究生的时候，没有人搞量子力学，超级的博士生另当别论。起先他们必须学哈密顿力学全部的花里胡哨，必须学各种东西，当时大家就那么想的。你必须经历全部这些五迷三道，然后你才能有希望初试量子力学……理查德·费曼，还有其他人，表明你不必经历其他那些东西。你干脆就开始谈论量子力学，孩儿们消受得了。

——David S. Wood, interview with Shirley K. Cohen, session 1, Caltech Oral History Archives, May 25, 1994

在这里，教师和学生，在很多方面是相似的。我是在战后那些日子里逐渐知道这个的，当时这里的每个人都是新的，或者是战后重返校园的。学生，从某种意义上说，当然模仿教师，因为教师是他们的榜样。理查德·费曼是最伟大的榜样。大家都喜欢他，喜欢得很有道理。

——Rodman W. Paul, interview with Carol Bugé, session 3, Caltech Oral History Archives, February 17, 1982

费曼博士讲的一堂课，确实是一道稀有的大菜。就幽默和戏剧性、悬念和兴趣而言，它常常敢跟百老汇的舞台剧比试高低。不说别的，它清晰如水，掷地有声。如果物理学是科学底层的“旋律”，那么费曼博士就是嗓音最清晰的游吟诗人。

——Irving Bengelsdorf, *Los Angeles Times* science editor, 1967

当有人得了诺贝尔奖的时候，那多半是部门的头儿有一个重大问题，他得努力笼络最好的人，以稳住他不接受其他聘用。除非，我想用费曼的例子说事儿，他说他拿定了主意；他喜欢加州理工学院，想待在那里，无论他得到多少薪水——你敢保证，他在全世界每个地方都能拿到那么多薪水。我听说，在他打电话的时候，他说：“你会告诉我你给我多少薪水吗？”如果对方说：“不会，我对那件事不感兴趣。”他就继续跟他说话；否则，他会说：“我的回答是不。”然后挂上电话。这或许是一个笑话，但我听说费曼那么做过。他是加州理工学院的一位非常忠诚的教授。

——Carl Andersen, January 30, 1979, interview with Harriett Lyle, session 7, Caltech Oral History Archives

回头看，每一件事，我今天用的全部物理学，大概有

90%，我一定是从费曼那里学到的，我从来没见过任何人工作得那么快，所以我也不曾遇到像他那样的物理学家。普林斯顿大学或者牛津大学，肯定没有一个人像这样。他年少的时候就颇为随便而顽皮。他现在的随便和顽皮也不稍减。你知道，每当一个想法跳进他脑袋，货真价实地不需要五分钟或者十分钟，他就把这类事情琢磨透了。

—— Robert Hellwarth, interview with Joan Bromberg, May 28, 1985, American Institute of Physics

费曼的那些了不起的事情之一，是他提起一个问题并开心地讨论，他纵横捭阖（笑）。我记得他在麻省理工学院上学的时候玩一个把戏的快乐。学生们聚在一起，用吊车把一辆汽车放在一座建筑物的顶上，让政府去处理。他从撬保险柜得到了相同的乐趣。我认为我讲的是下面这个故事，讲的是通用电器公司的两个保险柜，保安眼睁睁看着费曼把它们打开了……我觉得，费曼的那种快乐感——他事后解释说，那么多人用常数e、π和电话号码当密码。那些数字，是他首先试的，对解决开保险柜问题具有最大的把握。

—— John Wheeler, interview with Kenneth W. Ford, session 10, American Institute of Physics, March 15, 1994

我认识的人，都佩服他兴趣广泛、好奇心重、热爱生活。我们大多数人的生活面很可能比他狭窄，我们许多人有时候惋惜我们没有那么丰富的经历，没有他那么多人际关系。

——Kip Thorne, "The Cult of Richard Feynman",
Los Angeles Times Magazine December 2, 2001, p. 16

事情按部就班地进行，但清楚的是直言不讳的人反对它。最后，费曼站起来说："我一直在思考这件事，我认为那是一个可怕的错误。那不是加州理工。我们会发出错误信息。我认为我们应该立刻否决此事。我们是否做了错误的承诺，那无关紧要。我们仅仅是不应该干这件事。"那其实就一锤定音了——那就是决议。费曼的话，左右了那天的局面，他的话很有说服力。

——Fred Anson, reminiscing on the vote about whether to establish an army research center at Caltech, February 26, 1997, interview with Shirley Cohen, Caltech Oral History Archives

他是一个很有幽默感的主儿，改不了的。

——Childhood friend Joseph Heller, May 5, 2010, interview with Shelley Erwin, Caltech Oral History Archives

我记得费曼以前习惯于向全班同学提问。他说："好吧，你有一个草坪喷水器，你接上水，喷水器就旋转，同时喷出斜着的水流。现在，假设你把同一个喷水器放在游泳池里，开始让它向里吸水。喷水器还会旋转吗？"这个问题使事情大不相同——好像昼与夜的不同。像那样的事情使分离流这个范畴非常有趣……我想那是一次本科生的课，但我记不得是哪个班。在他问这个问题的时候，我在场，我就想：

“啊，那是一个了不起的老师。”一个草坪喷水器——人人都天天见的东西。但是，他仅仅改变管子里水流的方向，我们必须回答会发生什么事。

——Theodore Y. Wu, February/March 2002, interview with Shirley K. Cohen, Caltech Oral History Archives

我听费曼讲数学物理学的课。甚至在读研究生的时候，我也常常跑到他每次的研讨会上听课。我完全听不懂任何数学，但他偶尔停下来说：“这意思其实是……”我就懂了。

——Carver Mead, July 17, 1996, interview with Shirley K. Cohen, Caltech Oral History Archives

他喜欢教学，不喜欢颐指气使。有一次他对我是这么说的：为了帮助研究生写毕业论文，如果他能充分而直接地阐述一个问题，他一个晚上就能做好。如果他能把一个问题搞得清清楚楚，他就忍不住自己去做。

——Robert F. Christy, June 1994, interview with Sara Lippincott, Caltech Oral History Archives

我在加州理工学院当老师那会儿，我觉得有趣的事情，是大规模的教学改革运动，是对所谓核心课程的改革。就物理学而言，我认为那在很大程度上归功于费曼。以前大家通常认为，学生必须按部就班地学冗长无聊的经典力学，还得学得非常老练等等，然后才有希望开始了解量子力学的任何东西。费曼表明，那是不对的。你不必那么做……与我读研究生的时候相比，学生得到的学习材料和他们如今在这里学的东西，要前沿得太多。你知道，那就好像T版福特车和最新款之间的差别，或者说是莱特兄弟的飞机与波音747之间的差别。

——David S. Wood, June 1994, interview with Shirley K. Cohen, Caltech Oral History Archives

费曼发明了研究量子力学的一种全新的方法，费曼图不是从他跟数学家们的接触中产生的；其实，费曼产生了新东西。他有时候说，数学家其实帮忙不大。他对加利福尼亚州学校的数学教学法非常愤怒。他曾经在委员会之类的组织里，为州长之类的人评价教材。因此你知道，整个事情天翻地覆了。

——William A. Fowler, May 1983/May 1984, John Greenberg and Carol Bugé, Caltech Oral History Archives

我曾经跟费曼讨论过这个问题。在美国，他或许是最理解物理学的这个方面的物理学家。他就有这种态度，要看看事情是否正确。但是，我们讨论这个，他说："那个，在如今的年轻一代中，很少有人害怕发表包含矛盾的东西。"实际上没有人怕这个，因为他会说："那么其他伙计很快就批评我，他们会说，'你有矛盾，你一定错了'。"但是，然后就说："好吧，我知道我必定错了；肯定会有一个矛盾，但去它的，我看得出来那是对的。"现在，你当然又可以说那是一种非常滑稽的态度。你怎么知道呢？你不能证明；那包含矛盾。

——Werner Heisenberg, February 13, 1963, interview with Thomas S. Kuhn, American Institute of Physics

[谈费曼的幽默]我和费曼人格的这个方面没有什么争吵；和其他大多数人一样，我发现他令人愉快。但是，那漏掉了太多的东西：不仅是他的科学天才，还有他对自然的深爱，他对教学的激情，以及最重要的是他高标准的人格正直。在最高水平的创造中，这种正直不总是有……费曼会拿其他无论什么事情开玩笑，他对物理学的热爱令人敬畏。

——Laurie M. Brown, February 1989, *Physics Today*

在英国电视上，我见过他；此前多年，我不知道费曼是什么人，只知道是一个美国教授，那可能是戏剧家亚瑟·米勒杜撰出来的吧，以便演出那什么——那个，反物质的独角戏。我对反物质也没有特别的兴趣，没有背景，没有看法，但那种东西被搞得神秘兮兮，引人入胜。后来根据他的谈话录音出版的回忆录《别逗了，费曼先生！》，他的人格呼之欲出。这位物理学家不是教研室的人，而是沙龙的人。

——Tom Stoppard, "Stage View", *New York Times*, November 27, 1994

我记得我第一次见到费曼的时候，是四十五年前的仅仅几个小时。他在去新墨西哥州的路上，我期望他顺路到曼哈顿区的芝加哥实验室看看。大概六位理论物理学家一起跟他见面。早在普林斯顿的时候，他就名声在外了。一两个人给他看很难的积分，希望他解得出来，有点像请来访的壮汉活动一下锈住的铁门。他的表现正如所料，但并不像他对节奏、对世界上能够鼓捣出来的难题的那种痴迷劲儿。但是，后来，那是在洛斯阿拉莫斯及其周围，我们在科内尔共用一个旧办公室，我看得清楚了，我就开始喜欢他那种别出心裁的、达观的、诚恳的、顽皮的性格，以及他一辈子都像在跳舞的那种精神。

—— Philip Morrison, personal letter of condolence, February 1988

费曼对物理学的贡献，对我们的研究工作的冲击是非同一般的：他对量子力学的开拓，他发明的关于量子场论的路径积分构想，他对弱相互作用力的重要贡献，他为深奥的非弹性电子-质子散射发明的部分子模型，他对高能碰撞的性质的真知灼见，这导致对夸克和胶子物质结构的揭示。他的研究其实触及物理学的每个领域。

费曼以卓越的人格教导我们：物理学不仅是深刻的也是直觉而可理解的。他为国家的服务，他在“挑战者号”航天飞机事故调查过程中表现出的勇气，我们也为之骄傲。对科学和社会有更大影响的科学家是很少的。对他的纪念，是我们的财富。

——The SLAC (Stanford Linear Accelerator Center) Theoretical Physics Group, personal letter of condolence, February 19, 1988

我认识费曼二十载。他是每星期三实验室里的主讲，是批评家，是顾问，而且平易近人；他是伟大的感召、伟大的心灵、伟大的精神。他常常表现出最大的耐心与亲切，把一个天真但无知的问题，或者把一个愚蠢的问题，变为一个内容丰富而精彩的问题，免得提问者尴尬。他卓越的幽默感不下于他卓越的智力。这一代和未来世代的物理学家和全部受教育的人，将永远记得他。

——Bernard Soffer, Hughes Aircraft Company Research Laboratories, personal letter of condolence, February 19, 1988

费曼的人格，何其活泼而多彩。他有很大的学习热情。众所周知他是世界上最了不起的物理学家和创造性的思想家之一，但他关心的是把科学搞得让别人也懂，也觉得引人入胜，真就把他搞成了加州理工学院最杰出和受欢迎的老师。在解释最难懂的概念的时候，他是最有创造力的，普通人都能懂。费曼的故事在这里脍炙人口，是传奇。

——Sunney I. Chan, Chairman of the Faculty, California Institute of Technology, personal letter of condolence, February 23, 1988.

有几位“叔叔”丰富了我的童年，费曼是最棒最好的。在康奈尔大学期间，他是我们家的常客，总是受欢迎。我可以指望他从与我父母和其他成年人的谈话中抽出时间，对孩子们予以足够的注意。他曾经和我们玩游戏，玩得很棒；他也是一位很棒的老师，让我们睁开眼看周围的世界。

——Henry Bethe, personal letter of condolence February 17, 1988

Acknowledgments
鸣谢

有许多帮忙的人，需要感谢他们。

首先，我的两位研究者令人惊叹——安妮莎·库克（Anisha Cook）和詹娜·文博格（Janna Wennberg）。为成此书，有你们相助，我非常幸运。我发现，没有你们两位和你们辛勤的工作，我要完成此事，则不可想象。谢谢你们的努力。

我的朋友格里高利·菲尔德米斯（Gregory Feldmeth），助理主任和理工学院的资深历史教师，他对我的工作那种最诚恳的评价，我可以总是信赖。我实在看重他不知疲倦的努力，帮助我成就此书。他审慎地检查引语的分类，帮助删除重复的引语，这项工作颇为费事，他还帮助我制作了一份我父亲的大事年表。有他的建议，有他作伴，我很感谢。在帮助处理前言的时候，理工学院的英语老师格瑞丝·哈密尔顿（Grace Hamilton）非常慷慨地花费时间和专业技巧。另外一位朋友，理工学院的物理学和计算机科学的老师理查德·怀特（Richard White）无比非凡，推荐詹娜和安妮莎这个不知停息的二人团队，并贡献他的建议与专业技巧。为什么这三位老师深受学生喜爱，我能明白了。

莱斯利·卡米尔（Leslie Carmell），理工学院的交流主任，与他工作，宛如美梦。他一直大力支持我，我非常感谢她尖锐的眼光和一贯的真知灼见。我的同事们不同凡响——詹妮弗·闵托（Jennifer Godwin Minto）、芭芭拉·玻尔（ Barbara Bohr）、约翰·严（John Yen），以及理工学院的一群才华横溢的老师和员工。我在此工作，三生有幸。

米兰妮·杰克逊（Melanie Jackson），我很高兴有像你这样一位有趣、聪明而和善的文学代理支持我。

谢谢我的哥哥卡尔·费曼，感谢他相信我能完成这个任务。

拉尔夫·莱顿（Ralph Leighton）助人为乐，用电子邮件发给我《费曼物理学讲义》的音频文件，是他把录音数字化了；他也提出了非常有益的主意和建议。克里斯多夫·赛克斯（Christopher Sykes），对各种引语来源的见解和知识，令人耳目一新。加州理工学院的亚当·科克伦（Adam Cochran）帮助我与加州理工学院联系——从取得许可，到帮助我联系有关人士，工作细致而高效。加州理工学院档案馆的雪莱·欧文（Shelley Erwin）和娄玛（Loma Karklins）也完全一样。谢谢你们的知识与帮助。托尼·黑（Tony Hey）非常好心，翻遍了他的个人存档，扫描了一份座谈副本，那是很难找到的。安·柔（Ann Rho）是加州理工学院的资深发展主任，热心相助，与她切磋想法最合适。亚兰·阿尔达（Alan Alda），谢谢你的友情和支持。我感谢基普·索恩（Kip Thorne）的指导，否则我根本接触不到布莱恩·科克斯（Brian Cox）！

英国粒子物理学家布莱恩·科克斯有一本关于我父亲的通信

风格的回忆录，我很高兴他同意为本书写一个前言。

马友友是我家的老朋友，他为人和善。在马友友的音乐会之后，我父亲和我常常到他后台凑热闹，或者和他一起吃晚饭（这个传统还在继续，如今是我和我的孩子一起去）。在我父亲去世之后，马友友为他献出了一系列音乐会。我拿不准为什么我觉得麻烦一位职业大提琴家为本书写点什么是一个好主意，但我有印象：他不会推辞这个挑战。

我最近几年一直不容易，我越来越感激（有时候也依赖）我的那些非常了不起的朋友。要列举，那名单似乎很长，我只好悲哀地不能感谢在最近几年对我帮助如此之大的所有人。我是一群有趣的人中的一员，我很有福。我要感谢米甘·福克（Megan Foker）——我不知道没有她，我会怎样。在我一生的一段极富挑战的日子里，她一直帮助我，而且她的做法幽默、优雅而平静，使我比较容易地保持平衡。人人都需要米甘那样的朋友。我看重里克·福克（Rick Foker）对他家人的帮助，如此一来米甘就能在我这里花费时间。我非常高兴我的圈子里有这些人：西瑟尔与汤姆·安特瑟赫（Heather and Tom Unterseher）、车瑞尔·保罗·文博格（Cheryl Wold and Paul Wennberg）、厄乐克特拉与彼得·朗（Electra and Peter Lang）、珍妮·卡克泽马瑞克（Jane Kaczmarek）、斯塔西与迈克尔·伯格（Stacy and Michael Berger）、戴安妮·迪·罗莎瑞欧-哈斯提德与克里斯·哈斯提德（Dyanne di Rosario-Halsted and Chris Halsted）、蒂姆·哈特利与詹森·里昂（Tim Hartley and Jason Lyon）、蒂凡尼与马克·哈里斯（Tiffany and Marc Harris）、马里奥·米拉勒斯与布伦达·波克（Mario Miralles and Brenda Bork）、拉尔夫·莱顿与菲比·克宛（Ralph Leighton and Phoebe Kwan）、斯科特·李与卡伦·王（Scott Lee and Karen Wong）、弗朗西斯科·米拉勒斯（Francisco Miralles）、苏珊·布莱斯德尔（Susan Blaisdell）、多拉西·皮斯查拉（Dorothy Pieschala）、卡尔与保拉·费曼（Carl and Paula Feynman）、查尔斯·赫斯伯格与埃里森·阿德勒（Charles Hirshberg and Alison Adler），以及琼·费曼（Joan Feynman）。你们是我的支持团队。你们的友谊、爱和支持，让我积年累月也精神振奋。约翰·莫罗乌斯基（John Murlowski），你宛如及时雨来到我身边，知道如何帮助我和支持我。

最后，我要感谢我的孩子们艾娃与马可·米拉勒斯（Ava and Marco Miralles），感谢他们精彩的想法、迅速发展起来的独立性，以及对出版此书一贯的支持态度。

Sources

资料出处

Audio recording of *Feynman Lectures on Physics,* 1961
《费曼物理学讲义》录音，1961年

Audio recording of lecture on relativity, Douglas Advanced Research Laboratory, 1967
讲相对论录音，道格拉斯高等研究实验室，1967年

BBC“Fun to Imagine!”television series, 1983
BBC“想象之趣”，电视系列，1983年

BBC interview on the gauge theories,“A Novel Force in Nature”
BBC关于测量理论的采访：“一种新的自然力”

BBC interview,“Beyond Present Theories”
BBC采访：“突破现有理论”

BBC interview,“Scientifically Speaking”, April 1976
BBC采访：“从科学观点说”，1976年4月

BBC,“Horizon: The Hunting of the Quark”, May 1974
BBC：“地平线：猎捕夸克”，1974年5月

BBC,“Pleasure of Finding Things Out”; Swedish television interview on

Nobel Prize winners, 1965
BBC：“发现的乐趣”；瑞典电视台采访诺贝尔奖得主，1965年

California Institute of Technology Archives
加州理工学院档案

California Tech, Caltech student newspaper, October 1965
加州理工学院学生报纸，1965年10月

Caltech lecture on particles, 1973
加州理工学院课程，关于粒子，1973年

Caltech Oral History Archives
加州理工学院口述历史档案

“Cargo Cult Science”, Caltech commencement address, 1974
“野狐禅科学”，加州理工学院毕业典礼演讲，1974年

“Current Algebras and Strong Interactions”, 1967
“当前的几何学与强相互作用”，1967年

CERN talk, December 1965
在欧洲核子研究所的讲话，1965年12月

Chamber of Commerce Outstanding Citizen Award acceptance speech
商会杰出公民奖领奖演说

Character of Physical Law
《物理定律的本性》

Columbia Dispatch, October 22, 1966
《哥伦比亚通信》，1966年10月22日

Correspondence
通信

Dirac Memorial Lectures, “The Reason for Antiparticles”, 1986
狄拉克纪念讲座:“反粒子存在的理由”, 1986年

Enigmas of Chance
《概率之谜》

Esalen lecture, “Quantum Mechanical View of Reality”, October 1984
伊萨伦讲座:“量子力学的实在观”, 1984年10月

Feynman Lectures on Gravitation
《费曼讲引力》

Feynman Lectures on Physics
《费曼物理学讲义》

“Feynman Takes NASA to Task”, *Pasadena Star News*, June 11, 1986
“费曼让NASA有所担当”,《帕萨迪纳星报》, 1986年6月11日

“Feynman: Frustrated by the Slow Pace of Probe”, *Pasadena Star News*, January 29, 1989
“费曼: 调查缓慢, 令人沮丧”,《帕萨迪纳星报》, 1989年1月29日

“Future for Science” interview (*The Pleasure of Finding Things Out*)
“科学的未来”访谈(《发现的乐趣》)

Future for Science interview (*The Pleasure of Finding Things Out*)
科学的未来访谈(《发现的乐趣》)

Galileo Symposium, “What Is and What Should Be the Role of Scientific Culture in Modern Society”, September 1964, *The Pleasure of Finding*

Things Out
伽利略座谈会，“科学文化在现代社会的角色是什么以及应该是什么”，1964年9月，《发现的乐趣》

Great American Scientists
《美国的大科学家》

In personal notes
个人笔记

Interview with Yorkshire Television program, “Take the World from Another Point of View”, 1972
约克郡电视台采访节目：“从另一个观点看世界”，1972年

“It’s as Simple as One, Two, Three” interview, December 1978
“就像一、二、三那么简单”访谈，1978年12月

“Joy of the Chase”, *The Daily Telegraph*, July 5, 1988
“追逐之乐”，《每日电讯报》，1988年7月5日

Lectures on Computation, ed. Tony Hey
《费曼讲计算》

Letter to
致函

“New Mathematics”, written for the California State Department of Education, 1965; *Engineering and Science*, p. 13, March 1965; *Perfectly Reasonable Deviations from the Beaten Track*, p. 453
“新数学”，写给加州教育部，1965年；《工程与科学》，第13页，1965年3月；《费曼手札》，第453页

“New Textbooks for the ‘New’ Mathematics”, *Engineering and Science* 28,

no. 6 (March 1965)
"'新'数学的新课本",《工程与科学》第28期，第6号（1965年3月）

"Mass Varying with Position", *Physics* 230, 1987 (R. P. Feynman Papers, California Institute of Technology Archives)
"位置不同，质量不同",《物理学》第230期，1987年（费曼论文，加州理工学院档案）

"Mr. Feynman Goes to Washington", 1987
"费曼先生到华盛顿"，1987年

National Science Teachers Association Fourteenth Convention lecture, "What Is Science?", April 1966
全国科学教师协会第十四次会议讲座，"什么是科学？"，1966年4月

Niels Bohr Library and Archives with the Center for the History of Physics
尼尔斯·玻尔图书馆与档案，物理学史中心

"900 at Caltech, JPL Declare Support for Nuclear Arms Freeze", *The Los Angeles Times*, October 16, 1982
"加州理工学院及喷气推进实验室900学人宣布支持核军备冻结",《洛杉矶时报》

No Ordinary Genius
《不平凡的天才》

Nobel Lectures, Physics 1963—1970, Elsevier Publishing Company, Amsterdam, 1972
《诺贝尔演讲，物理学，1963—1970年》，埃尔塞维尔科学出版社，1972年

"Nobel Prize: Another Side of the Medal", *The Los Angeles Times*, October 7, 1983
"诺贝尔奖：奖章的另一面",《洛杉矶时报》，1983年10月7日

Notes for a commencement speech
某次毕业典礼演说笔记

Notes for "About Time" program, 1957
"关于时间"项目的笔记，1957年

Notes for talk on "Science in America"
"科学在美国"讲话笔记

Notes from before Los Alamos
洛斯阿拉莫斯之前的笔记

Notes from Los Alamos
洛斯阿拉莫斯笔记

Oersted Medal acceptance speech, 1972
奥斯特奖章接受演说，1972年

Omni interview, February 1979
大全访谈，1979年2月

On his experience with the Manhattan Project, "Los Alamos from Below", 1976
谈他的曼哈顿计划经历："从低处看洛斯阿拉莫斯"，1976年

On his lecture topic for the Sir Douglas Robb Lectures, June 1979
谈他的道格拉斯·罗布讲座的主题，1979年6月

Panel discussion, particle physics conference, Irvine, California, 1971
讨论会，粒子物理学会议，欧文市，加利福尼亚，1971年

People, July 22, 1985
《人物》杂志，1985年7月22日

Personal letter of condolence

个人唁函

Press conference, April 23, 1963

记者招待会，1963年4月23日

Programme of American Physical Society Annual Meeting, 1950

美国物理学学会年会程序，1950年

Quoted in James Gleick, *Genius: The Life and Science of Richard Feynman*, 1992, p. 244

转引自詹姆斯·葛雷科:《天才：理查德·费曼的生平与科学》，1992年，第244页

Quoted in K. C. Cole, *The Universe and the Teacup: The Mathematics of Truth and Beauty*, 1998

转引自科勒:《宇宙与茶杯：关于真理与美的数学》，1998年

Quoted in Star News, October 16, 1982

转引自《星报》，1982年10月16日

"QED: Electrons and Their Interactions", The Sir Douglas Robb Lectures, University of Auckland, June 1979

"量子电动力学：电子及其相互作用"，道格拉斯·罗布爵士讲座，奥克兰大学，1979年6月

"QED: New Queries", Sir Douglas Robb Lectures, University of Auckland, 1979

"量子电动力学：新的疑问"，道格拉斯·罗布爵士讲座，奥克兰大学，1979年

"QED: Photons — Corpuscles of Light", Sir Douglas Robb Lectures, University of Auckland, 1979

“量子电动力学：光子——光的粒子”，道格拉斯·罗布爵士讲座，奥克兰大学，1979年

Report of the Presidential Commission on the Space Shuttle Challenger Accident
“挑战者号”航天飞机事故总统调查委员会报告

South Shore Record, October 28, 1965
《南岸纪实报》，1965年10月28日

StarNews, Opinion, June 18, 1986
《星报》，“意见”栏，1986年6月18日

Surely You're Joking, Mr. Feynman!
《别逗了，费曼先生！》

“Simulating Physics with Computers”, *International Journal of Theoretical Physics*, May 1981
“用计算机模拟物理过程”，《国际理论物理期刊》，1981年5月

“Strangeness Minus Three”, BBC, 1964
“奇异数减三”，BBC，1964年

“Structure of the Proton”, Niels Bohr Medal lecture given in Copenhagen, Denmark, October 1973
“光子的结构”，尼尔斯·玻尔奖章讲座，丹麦哥本哈根，1973年10月

The Daily Times, October 5, 1966
《每日时报》，1966年10月5日

“The Computing Machines in the Future”, Nishina Memorial Lecture, August 1985
“未来的计算机”，仁科芳雄纪念讲座，1985年8月

"The Cult of Richard Feynman", *Los Angeles Times*, February 2, 2001, quoted in *Lectures on Computation*, ed. Tony Hey
"对费曼的个人崇拜",《洛杉矶时报》, 2001年2月2日，转引自《费曼讲计算》

"The Feynman Legend", *The Los Angeles Times*, February 17, 1988
"费曼的衣钵",《洛杉矶时报》, 1988年2月17日

"The Present Situation in Quantum Electrodynamics", Solvay conference, 1961
"量子电动力学的现状", 索尔维会议，1961年

"The Problem of Teaching Physics in Latin America", 1963
"在拉美教物理的麻烦", 1963年

"The Qualitative Behavior of Yang-Mills Theory in 2+1 Dimensions", January 1981
"杨-米尔斯理论在2+1维度中的定性行为", 1981年1月

"The Relation of Science and Religion", May 1956
"科学与宗教的关系", 1956年5月

"The Remarkable Dr. Feynman", *Los Angeles Times Magazine*, April 20, 1986
"非凡的费曼博士",《洛杉矶时报》杂志，1986年4月20日

"The Role of Scientific Culture in Modern Society", *The Pleasure of Finding Things Out*
"科学文化在现代社会中的角色",《发现的乐趣》

"The Uncertainty of Science", John Danz Lecture Series, 1963 (*The Meaning of It All*)
"科学的不确定性", 约翰·丹兹讲座系列，1963年(《费曼讲演录》)

"The Value of Science", December 1955, *The Pleasure of Finding Things Out*, "The Uncertainty of Science", John Danz Lecture Series, 1963 (*The Meaning of It All*)
"科学的价值"，1955年12月，《发现的乐趣》，"这个不科学的年代"，约翰·丹兹讲座系列，1963年(《费曼讲演录》)

"Theory and Applications of Mercerau's Superconducting Circuits", October 1964
"Mercerau超导电路的理论和应用"，1964年10月

"*There's Plenty of Room at the Bottom*", December 1959, *Saturday Review*, April 2, 1960
"底层大有空间"，1959年12月，《星期六评论》，1960年4月2日

"This Unscientific Age", John Danz Lecture Series, 1963 (*The Meaning of It All*)
"这个不科学的年代"，约翰·丹兹讲座系列，1963年(《费曼讲演录》)

"Tiny Computers Obeying Quantum Mechanical Laws", *New Directions in Physics: The Los Alamos 40th Anniversary Volume*, 1987
"微型计算机遵守量子力学定律"，《物理学的新方向：洛斯阿拉莫斯40周年文集》，1987年

U.S. News and World Report interview, February 1985
《美国新闻与世界报告》采访，1985年2月

UC Berkeley Lectures, "Time and Physics in Evolutionary History", spring 1968
加利福尼亚大学伯克利分校讲座："进化史上的时间与物理学"，1968年春

UCSB talk, "Los Alamos from Below", February 1975
加利福尼亚大学圣巴巴拉分校讲话："从低处看洛斯阿拉莫斯"，1975年2月

What Do You Care What Other People Think?
《你干吗在乎别人怎么说？》

"What Is Science?", *The Pleasure of Finding Things Out*
"什么是科学？",《发现的乐趣》

Written on blackboard when he died
他死前留在黑板上的字

图书在版编目（CIP）数据

费曼语录 /（美）米歇尔·费曼编；王祖哲翻译. —长沙：湖南科学技术出版社，2020.5（走近费曼丛书）
书名原文：The Quotable Feynman（2023.4 重印）
ISBN 978-7-5710-0397-5

Ⅰ. ①费… Ⅱ. ①米… ②王… Ⅲ. ①费曼（Feynman, Richard Phillips 1918—1988）—语录
Ⅳ. ① K837.126.11
中国版本图书馆 CIP 数据核字（2019）第 257529 号

The Quotable Feynman
Copyright © 2015 by Michelle Feynman and Carl Feynman
All Rights Reserved

湖南科学技术出版社独家获得本书简体中文版中国大陆出版发行权
著作权合同登记号：18-2016-039

FEIMAN YULU
费曼语录

编者
[美] 米歇尔·费曼
译者
王祖哲
出版人
潘晓山
策划编辑
吴炜　孙桂均　李蓓　杨波
责任编辑
吴炜
书籍设计
邵年
出版发行
湖南科学技术出版社
社址
长沙市芙蓉中路一段 416 号
泊富国际金融中心
http://www.hnstp.com
湖南科学技术出版社
天猫旗舰店网址
http://hnkjcbs.tmall.com
邮购联系
本社直销科 0731-84375808

印刷
长沙超峰印刷有限公司
厂址
宁乡市金州新区泉州北路 100 号
邮编
410600
版次
2020 年 5 月第 1 版
印次
2023 年 4 月第 3 次印刷
开本
880mm × 1230mm 1/32
印张
12.75
字数
245 千字
书号
ISBN 978-7-5710-0397-5
定价
58.00 元
（版权所有·翻印必究）